Jaspers zur Einführung

Werner Schüßler

Jaspers zur Einführung

JUNIUS

Für Marius, Alena und Riana

Junius Verlag GmbH
Stresemannstraße 375
22761 Hamburg

Umschlaggestaltung: Florian Zietz
Titelfoto: Piper Verlag
Herstellung: Das Herstellungsbüro, Hamburg
Satz: H & G Herstellung, Hamburg
Druck: Druckhaus Dresden
Printed in Germany 1995
ISBN 3-88506-914-8
1. Auflage 1995

Die Deutsche Bibliothek - CIP-Einheitsaufnahme

Schüssler, Werner:
Karl Jaspers zur Einführung / Werner Schüssler.
- Hamburg : Junius, 1995
(Zur Einführung ; 114)
ISBN 3-88506-914-8
NE: GT

Inhalt

Anhang

Einleitung: Die »Selbstvergessenheit« der Philosophie

Ein Denker hat nicht viele Gedanken, sondern denkt stets nur einem nach. Dieses Wort Martin Heideggers trifft auch auf Karl Jaspers zu. Und diesen einen Gedanken gilt es zu finden und »nach-zu-denken«, er führt in die Mitte des jeweiligen Philosophierens.

Bei Heidegger ist es der Gedanke oder besser gesagt der Vorwurf der »Seinsvergessenheit« der abendländischen Metaphysik. Um diesen Gedanken kreist das ganze Werk Heideggers. Im Mittelpunkt steht die Frage nach dem Sein, die er – in immer neuen Anläufen – zu formulieren sucht.

Welches ist dieser eine Gedanke bei Karl Jaspers? Es ist nicht der Begriff des Seins, dem Jaspers nachdenkt; es ist der Begriff der Philosophie. Und wie man das Denken Heideggers unter das Stichwort der »Seinsvergessenheit« der abendländischen Metaphysik stellen kann, so das Denken von Jaspers unter das Stichwort der »Selbstvergessenheit« der Philosophie.

In seinen *Notizen zu Martin Heidegger* heißt es bei Jaspers: »Heidegger sagt ›Seinsvergessenheit‹, nicht ›Selbstvergessenheit‹ – beides ist wahr, die Betonung des einen oder andern nicht gleichgültig.« (NMH 191) Und in seiner letzten großen Schrift *Der philosophische Glaube angesichts der Offenbarung* von 1962 schreibt Jaspers hierzu:

»Die Philosophie ist außer Sicht geraten. Warum? Weil heute sie selber, sich vergessend, nicht mehr ihrer Aufgabe genug tut. Sie erhellt nicht mehr das, woraus der Mensch lebt, versäumt das Denken, das vermöge dieser Erhellung das Leben trägt. Sie ergreift nicht im Denken ihren eigenen Ursprung. Das geschieht, wenn sie abgleitet in bloße Sachlichkeit gegenständlichen, vermeintlichen Wissens, in das endlose Diskutieren ohne erfüllenden Gehalt. Ihr Denken verliert die Kraft des mit ihm vollzogenen inneren Handelns. Der Philosophierende denkt nicht mehr aus totaler Ergriffenheit. Sein Denken wird unverbindlich. Dadurch wird es existentiell matt, auch wenn es logisch scharf, literarisch gekonnt ist. Es hört auf, Philosophie zu sein.« (PGO 101 f.)

Jaspers' Werke sind in diesem Sinne Annäherungen an die Philosophie von jeweils verschiedenen Perspektiven her. Zentriert sind diese Anläufe alle auf die eine Frage: Was ist Philosophie? Und – da die Philosophie Sache des Menschen ist: Was ist der Mensch? Aber die Frage nach dem Menschen ist als solche nicht ausgeführt; Jaspers hat keine eigentliche Anthropologie oder Ethik ausgebildet. Die Frage nach dem Menschen ist letztlich eingebettet in die Frage: Was ist Philosophie?

Philosophie hat sich selbst vergessen, sie weiß nicht mehr, was sie selbst ist und sein soll. Ist sie intellektuelle Spielerei? Ist sie »strenge Wissenschaft« (Edmund Husserl) oder »wissenschaftliche Philosophie« (Heinrich Rickert, Rudolf Carnap)? Ist sie Philosophiegeschichte? Diese Formen sind zwar alle aufgetreten, und sie treten zum Teil immer noch auf; aber das alles ist gerade nicht das, was die Philosophie ausmacht, wenn auch diese Dinge immer Momente an ihr sein können. Aber sie sind nicht das Eigentliche. Die Philosophie – das meint die These von der »Selbstvergessenheit« – verschwendet sich an diese peripheren Formen, ohne sich selbst zu genügen.

Jaspers kreist in diesem Sinne um diese eine Grundfrage:

»Sollen wir uns begnügen, gegenständliche Objekte zu erkennen, und alles Denken, was darüber hinausgeht, zu verwerfen, als ›leeres Gerede‹, ›romantische Schwärmerei‹, als ›Metaphysik‹? Mit anderen Worten: sollen wir nur Wissenschaften treiben und nicht Philosophie und den edlen Namen der Philosophie überflüssigerweise verwenden für etwas, das in der Tat Wissenschaft ist und nichts mehr besitzt von dem Charakter der mehr als tausendjährigen Philosophie? Es würde sich als ein Neues besser nach seinem neuen Inhalt benennen: als Logistik, Phänomenologie, Anthropologie, unter deren Namen in der Tat wissenschaftliche Erkenntnisse gewonnen werden, wenn auch zumeist vermischt mit nicht mehr wissenschaftlichen, sich selbst verborgenen philosophischen Antrieben.« (Ant 789 f.)

Jaspers kämpft gegen eine Philosophie, die gezwungen ist, sich immer mehr aus dem Bereich der Gegenständlichkeit zurückzuziehen. (Vgl. Prov 13 f.) Demgegenüber gibt er der Philosophie wieder alle Gegenstände als Thema zurück, aber nicht als solche, sondern als Medium, in dem allein Philosophie ihre eigentlichen »Gegenstände« entdecken kann: nämlich *Existenz* (Freiheit) und *Transzendenz* (Gott).

1. Philosophie und Biographie

Die Philosophie eines Denkers ist wohl nie ganz von seiner Biographie abtrennbar. Denn es ist nicht unerheblich, wie und wann man ein erstes Mal mit philosophischen Gedanken in Kontakt kommt. Und es spielt auch eine Rolle, mit welchen Philosophen man sich näher beschäftigt hat. Von daher ist der Titel »Philosophie und Biographie« für jeden Denker gültig. Auf den ersten Blick scheint er fast etwas Triviales auszudrücken.

Aber es gibt auch Denker, bei denen der Zusammenhang von Philosophie und Biographie einen geradezu übermächtigen und das Werk bestimmenden Stellenwert einnimmt. Das ist unzweifelhaft bei Jaspers der Fall.

Jaspers wurde am 23. Februar 1883 in Oldenburg, nahe der Nordseeküste, geboren. Über seinen Vater, der später Bankdirektor war, sagt er: »Er hat mich im Geiste von Vernunft, Verläßlichkeit und Treue durch sein Vorbild und durch seine Urteile in entscheidenden Augenblicken erzogen.« (Aut 9) Und in bezug auf seine Mutter, die aus einem »bodenständigen Bauerngeschlecht« stammt, schreibt er: »Sie hat meine Kindheit und die meiner Geschwister und unser weiteres Leben mit ihrer unendlichen Liebe verklärt, uns mit ihrem unbändigen Temperament ermutigt, uns mit ihrem über alle Konventionen hinausgehenden Verständnis für unsere Ziele beflügelt, mit ihrer Weisheit geborgen.« (Aut 9)

Schon auf dem humanistischen Gymnasium sträubt sich Jaspers dagegen, ihm vernunftwidrig erscheinenden Anordnungen in blindem Gehorsam zu folgen. Dank seines Vaters war er schon früh daran gewöhnt, auf seine Fragen eine Antwort zu erhalten und nichts tun zu müssen, dessen Sinn er nicht eingesehen hätte, »und sei es aus Ehrfurcht vor dem Gehörigen, das als solches eine Überzeugungskraft hatte« (Aut 9).

Nach Absolvierung des Gymnasiums studiert Jaspers in Heidelberg und München drei Semester Jurisprudenz, dann in Berlin, Göttingen und wiederum Heidelberg Medizin. 1908 wird er mit einer Dissertation über *Heimweh und Verbrechen* zum Dr. med. promoviert und arbeitet danach als wissenschaftlicher Volontärassistent an der Psychiatrischen Klinik in Heidelberg. 1913 habilitiert er sich für Psychologie und wird Privatdozent an der Philosophischen Fakultät. Ab 1922 lehrt er als ordentlicher Professor Philosophie in Heidelberg. 1937 wird er vom nationalsozialistischen Staat seines Lehrstuhls beraubt, 1945 mit Zustimmung der amerikanischen Besatzungsbehörde wieder eingesetzt. 1948 folgt er einem Ruf an die Universität Basel, an der er bis zu seiner Emeritierung im Jahre 1961 lehrt. In Basel stirbt er am 26. Februar 1969. So weit die äußeren Daten seines Lebensweges.

Die innere Lebensgeschichte ist für uns aufschlußreicher. Mit siebzehn Jahren liest er Spinoza. Später sagt er dazu: »Er wurde mein Philosoph.« (Aut 10) Jedoch denkt Jaspers damals noch nicht daran, Philosophie zu studieren. Er nimmt das Studium der Jurisprudenz mit der Absicht auf, Rechtsanwalt zu werden und so im praktischen Leben mitzuwirken. »Aber enttäuscht von den Abstraktionen, die sich auf das gesellschaftliche Dasein bezogen, das ich noch gar nicht kannte«, bekennt Jaspers, »beschäftigte ich mich mit Dichtung, Kunst, Theater, Graphologie, immer wieder anderem zugewandt, unglücklich in der Zerstreutheit, glücklich in einzelnen Erfahrungen der Größe, vor allem der Kunst.« (Aut 10) In dieser Situation entschließt er sich zum Studium der Medizin. Jaspers begründet diesen Schritt so: »Ich wollte erkennen, was möglich ist; die Medizin öffnete, so schien es mir, das weiteste Feld mit der Gesamtheit der Naturwissenschaften und dem Menschen als Gegenstand. Als Arzt konnte ich meine Rechtfertigung in der Gesellschaft finden.« (Aut 11)

Philosophische Vorlesungen, die er noch zu Anfang besuchte, läßt er bald fallen, denn sie handeln nicht von dem, worauf es ihm ankommt. Er bemerkt dazu: »Gegen die Philosophieprofessoren hatte ich eine Abneigung, weil sie mir persönlich anspruchsvoll und rechthaberisch erschienen.« (Aut 12)

Schon von Kindheit an leidet Jaspers an Bronchiektasen und sekundärer Herzinsuffizienz. Diese Krankheit beeinflußt nachhaltig sein ganzes Leben: Sie stellt eine »Grundtatsache« seines Daseins dar. Er muß das Leben unter den Bedingungen dieser Krankheit einrichten. Die Aussichten sind schlecht: »Spätestens in den dreißiger Jahren ihres Lebens gehen diese Kranken an allgemeiner Vereiterung zugrunde.« (Aut 13)

Jaspers lernt aber, mit der Krankheit zu leben. Die normale Lebensführung der Gesunden kann er zwar nicht teilen, aber er findet zu seiner Arbeitsweise. »Will ich arbeiten«, schreibt er, »muß ich das Schädliche wagen, will ich am Leben bleiben, muß ich für strengste Ordnung unter Vermeidung des Schädlichen sorgen. Zwischen diesen beiden Polen verlief mein Dasein.« (Aut 13) Die Krankheit stürzt Jaspers häufig »in leise Schwermut«. »Da dachte ich, daß bald alles zu Ende sein werde.« (Aut 14) Bei der Ausbildung der Lehre von den Grenzsituationen menschlichen Lebens haben diese Erfahrungen sicherlich eine entscheidende Rolle gespielt.

Alles verwandelt sich, als er 24jährig seine spätere Frau Gertrud Mayer kennenlernt. Sie stammt aus einem frommen jüdischen Haus. Jaspers schildert die erste Begegnung so:

»Unvergeßlich für mich der Augenblick, als ich mit ihrem Bruder zum erstenmal zu ihr ins Zimmer trat. Sie saß an einem großen Schreibtisch, stand auf, den Eintretenden noch den Rücken zuwendend, schlug langsam ein Buch zu und wandte sich zu uns. Ich folgte jeder ihrer Bewegungen, die mir in ihrer ruhigen Klarheit, ohne Gebärde, ohne Konvention, unbewußt das reinste Wesen, den Adel ihrer Seele in der Erscheinung auszusprechen schienen. Es war wie selbstverständlich, daß das Gespräch bald auf große Grundfragen des Lebens kam, als ob wir uns schon lange gekannt hätten. Von der ersten Stunde an war ein unbegreiflicher, nie als möglich erwarteter Einklang zwischen uns.« (Aut 15)

Gertrud Mayer sollte wie kein anderer an seiner Philosophie teilhaben. 1910 heiraten die beiden.

Zwei Jahre zuvor hat Jaspers die Arbeit an der Psychiatrischen Klinik in Heidelberg aufgenommen, zunächst als Medizinalpraktikant, dann als Volontärassistent; Vollassistent zu werden, verbietet ihm die Krankheit. In diesen Jahren publiziert Jaspers eine Reihe von Arbeiten über Heimweh und Verbrechen, über Intelligenzprüfungen, über Sinnestäuschungen, über Wahnideen, über Krankheitsverläufe an Beispielen ausführlicher Krankheitsgeschichten.

1911 tritt der Verleger Ferdinand Springer mit der Aufforderung an ihn heran, eine »Allgemeine Psychopathologie« zu schreiben. »Die Aufgabe zu erfüllen, war fällig.« (Aut 23) Denn die ungemein umfangreiche Literatur der Psychiatrie war in ihren Inhalten zum Teil so divergent, daß man sich gegenseitig nicht mehr verstand. »Es schien, als ob mehrere Sprachen gesprochen würden, und daß es Abwandlungen gab bis zum Jargon der einzelnen Kliniken. Eine einheitlich alle Forscher vereinigende gemeinsame wissenschaftliche Psychiatrie schien es nicht zu geben.« (Aut 22)

Jaspers versucht, in diesen Wirrwarr der Sprachen und Methoden Ordnung zu bringen. Er stellt »eine Systematik der

Theorien dar als der Mittel, durch Gleichnisse zu beschreiben, was sonst außerhalb des Horizonts des Erkennens bliebe.« (Aut 24) Dabei helfen ihm die Phänomenologie Edmund Husserls und die Methode des einfühlenden Verstehens von Wilhelm Dilthey.

Jaspers wird hier deutlich, daß der Mensch »gleichsam offen« bleibt, daß er immer mehr ist, als er von sich weiß und wissen kann. Und daß die Theorien, mit denen der Mensch als Ganzes erfaßt werden soll, falsch sind. Wird der Mensch erkannt, dann wird nicht er selbst erkannt, sondern etwas in seiner Erscheinung. »Jede Totalerkenntnis des Menschen erweist sich als Täuschung, die dadurch zustande kommt, daß eine Betrachtungsweise zur einzigen, eine Methode zur Universalmethode erhoben wird.« (Aut 26)

In der *Allgemeinen Psychopathologie* versucht Jaspers, die verschiedenen Gesichtspunkte zusammenzubringen. Er will sich hier begriffliche Klarheit darüber verschaffen, »was man weiß, wie man es weiß, und was man nicht weiß«. »Der kritische Grundgedanke war, einzusehen, auf welchen Wegen ein erforschbares Objektives zur Erscheinung kommt.« (Aut 25) Das Prinzip beschreibt er so: »Die Erkenntnisse zu entwickeln und zu ordnen am Leitfaden der Methoden, durch die sie gewonnen werden, das Erkennen zu erkennen und dadurch die Sachen zu klären.« (Aut 26)

Jaspers sollte später keine eigenen psychopathologischen Forschungen mehr unternehmen. Aber er wendet seine Kenntnisse in der pathographischen Schrift *Strindberg und van Gogh* von 1922 an.

Mit seiner *Allgemeinen Psychopathologie* stieß Jaspers nicht nur auf Zustimmung. So macht ihm ein Kollege einen Vorwurf, der auch später immer wieder im Hinblick auf seine Philosophie erhoben werden sollte: »Sie haben gar keine Überzeugung. So kann man nicht forschen. Ohne eine durchgehende Theorie ist keine Wissenschaft, erst durch die Theorie wird sie Wissenschaft. Sie sind

Relativist. Sie zerstören die Festigkeit des ärztlichen Standpunktes. Sie sind ein gefährlicher Nihilist.« (Aut 28) Dabei wollte Jaspers nur die Seinsdogmatik auflösen zugunsten kritischer Erhellung aller Forschungsmöglichkeiten. Daß dadurch die Theorien in die Schwebe bloßer Gleichnisse geraten, liegt auf der Hand.

1913 habilitiert sich Jaspers mit seiner *Allgemeinen Psychopathologie* bei Windelband für Psychologie. Drei Jahre später wird er Extraordinarius für Psychologie in Heidelberg. Das bedeutet den Übertritt in die philosophische Welt der Universität; die Krankheit verhindert die Rückkehr in die Psychiatrie. So lehnt er sogar in diesen Jahren mit Rücksicht auf seine Gesundheit einen Ruf auf einen Lehrstuhl für Psychiatrie ab. Jaspers sagt im Rückblick dazu: »Was damals durch die Krankheit erzwungen und widerstrebend getan wurde, die endgültige Wahl der philosophischen Fakultät, war in der Tat die Führung auf den mir eingeborenen Weg.« (Aut 30)

Jaspers hält in dieser Zeit Vorlesungen über die Psychologie der Charaktere und Begabungen, über empirische Psychologie und über kranke Persönlichkeiten der Geschichte. Aber entscheidend für den weiteren Gang seines Denkens ist, daß er sich, gestützt auf den Satz des Aristoteles: »Die Seele ist gleichsam alles«, unter dem Namen der Psychologie mit allem beschäftigt, was man wissen kann. »Denn es gibt nichts, was nicht in diesem weiten Sinn eine psychologische Seite hat.« (Aut 31) Bald liest er über Sozial- und Völkerpsychologie, Religions- und Moralpsychologie. Eine dieser Vorlesungen eröffnet ihm den Weg in die Philosophie. Er veröffentlicht diese 1919 unter dem Titel *Psychologie der Weltanschauungen.*

In seinem Vorwort zur vierten Auflage von 1954 berichtet er über die verschiedenen Motive, die sich in diesem Buch ineinander verwoben haben. Auf den entscheidenden Aspekt möchte ich hier aufmerksam machen. Es geht Jaspers in diesem Buch um die

Klärung einer »erregenden Erfahrung«, die er schon in der Zeit seiner Arbeit an der Klinik gemacht hatte:

»Im Kampf der wissenschaftlichen Anschauungen und der lebendigen Persönlichkeiten spielte nicht einfach das empirisch und logisch für jedermann gleichermaßen Richtige eine Rolle. Dies zwingend Gültige herauszuarbeiten zeigte sich vielmehr als die schwierige Aufgabe. In der Diskussion war fast immer auch etwas anderes fühlbar. Nicht etwa unser Geltungsbedürfnis, unser Rechthabenwollen war dabei interessant, sondern irgendein Etwas, das nicht faßbar war, obgleich es Schranken zwischen den Menschen aufzurichten schien. Auch bei den öffentlich sprechenden Forscherpersönlichkeiten unter den Psychiatern nahm ich dies wahr, was zwischen ihnen Verwandtschaft oder Feindschaft bewirkte unabhängig von wissenschaftlicher Richtigkeit.« (PsW IX)

In diesem Sinne spürt Jaspers bald, daß es hier darum geht, im Medium der Wissenschaft etwas durchsetzen zu wollen, was gar nicht Wissenschaft ist. Jaspers wird dieses Phänomen später anhand von Psychoanalyse und Marxismus genauer aufweisen.

Im Rückblick bezeichnet er seine *Psychologie der Weltanschauungen* als »die früheste Schrift der später so genannten modernen Existenzphilosophie« (Aut 33). Alle späteren Grundfragen sind hier schon zu finden, wenn auch noch nicht in heller Bewußtheit. Noch 1950 schreibt Jaspers in diesem Sinne in einem Brief an Heidegger (der allerdings nie abgeschickt wurde): »Materialiter handelt es sich, wenn ich meine Arbeit verstehe, immer noch um das gleiche, das in der ›Psychologie der Weltanschauungen‹ zum ersten Mal ohne alle Übung im Handwerk des Philosophen sich mitteilte.« (H/J 205)

Nach dem Tode von Windelband wird Heinrich Rickert 1916 Ordinarius für Philosophie in Heidelberg. Zwanzig Jahre lang doziert Jaspers neben ihm an derselben Universität. In Rickert begegnet Jaspers die sogenannte »wissenschaftliche Philosophie«. Wissenschaftliche Philosophie erhebt Anspruch auf allgemeine und zwingende Geltung. Jaspers sagt dazu lapidar: »Ich bezweifelte diesen Anspruch.« (Aut 36)

Wissenschaftliche Einsicht war Jaspers von früh an ein unerläßliches Lebenselement. Aber dieses genügte ihm nicht. Seitdem er Spinoza gelesen hatte, war ihm klar, daß philosophische Einsicht und wissenschaftliche Gültigkeit verschiedene Dinge waren. Es gibt ein sinnvolles Denken ohne Ergebnisse. In der Diskussion mit Rickert wird diese Sicht bestätigt. Jaspers führt dazu aus:

»Dabei entwickelte ich eine Idee von Philosophie, die etwas ganz Anderes sei als Wissenschaft. Sie solle einem Wahrheitsanspruch genügen, den Wissenschaft nicht kenne, beruhe auf einer Verantwortung, die der Wissenschaft fremd sei, sie leiste etwas, das aller Wissenschaft unerreichbar bleibe. Auf Grund dessen erklärte ich gegen die Form seines Denkens, er selber sei eigentlich kein Philosoph, sondern betreibe Philosophie wie ein Physiker. Der Unterschied sei nur, daß er raffinierte logische Entfaltungen bringe, die als Ganzes Seifenblasen seien, wärend der Physiker faktisch etwas erkenne, wenn er seine Spekulationen realistisch prüfe.« (Aut 36 f.)

1920 wird Jaspers gegen den Widerstand von Rickert Extraordinarius für Philosophie; zwei Jahre später sogar Inhaber des zweiten Lehrstuhls für Philosophie und damit Rickerts Kollege, nachdem er inzwischen Berufungen auf Philosophielehrstühle in Greifswald und Kiel abgelehnt hatte.

»Als ich am 1. April 1922 den ordentlichen Lehrstuhl für Philosophie in Heidelberg übernahm«, schreibt Jaspers rückblickend, »war ich in der Tat nach meinem eigenen Maßstab unfertig. Nun begann ich, das Studium der Philosophie auf neue und gründlichere Weise zu unternehmen. Gegen alle meine früheren Zielsetzungen wagte ich es, die Philosophie zum Lebensberuf zu machen.« (Aut 40)

Außer der schon genannten Schrift *Strindberg und van Gogh* von 1922 publiziert Jaspers in diesen Jahren nur noch ein Buch über *Die Idee der Universität* von 1923. Dann sollte jahrelang nichts mehr von ihm erscheinen. Doch von 1924 an wird planmäßig ein Werk vorbereitet, das im Dezember 1931 unter dem Titel *Philosophie* in drei Bänden erscheint.

Die Sache, um die es Jaspers in diesem Werk geht, ist die Frage, was Philosophie sei. Jaspers sagt dazu:

»Was mir im Umgang mit Menschen, in Fakultätssitzungen, in den Zeitungen, auf der Straße und auf Reisen begegnete, vor allem aber in der Anschauung geliebter Menschen und ihres Geschickes aufging, das alles wurde übersetzt in Formulierungen, die den Ausgangspunkt nicht mehr erkennen ließen. Was mir bei den großen Philosophen klar wurde, das wurde in Aneignung zu gegenwärtiger Wahrheit erworben. Leise, scheinbar zufällige Veranlassungen brachten mir Einsichten. Solche Arbeit ist zwar Arbeit mit Planen und Lenken. Aber sie gelingt nur, wenn ständig etwas anderes zur Wirkung kommt: das Träumen. Oft blickte ich in die Landschaft, in den Himmel, die Wolken, oft saß und lag ich, ohne etwas zu tun. Nur die Ruhe des Besinnens in der unbefangenen Bewegung der Phantasie läßt die Impulse zur Geltung kommen, ohne die jede Arbeit endlos, unwesentlich, leer wird. Mir scheint: Wer nicht täglich eine Weile träumt, dem verdunkelt sich der Stern, von dem alle Arbeit und jeder Alltag geführt sein kann.« (Aut 44)

In der *Philosophie* geht es Jaspers um zwei wesentliche Einsichten. Erstens: »Wissenschaftliche Erkenntnis ist ein unumgängliches Moment im Philosophieren. Ohne Wissenschaft ist heute keine Wahrhaftigkeit möglich. Die Richtigkeit der Erkenntnis in den Wissenschaften ist ganz und gar unabhängig von philosophischer Wahrheit, für diese aber relevant, ja, unerläßlich. [...] Sie zeigt nicht den Sinn des Lebens, gibt keine Führung. Sie hat Grenzen, die sie bei klarem methodischem Bewußtsein selber einsieht.« (Aut 44)

Zweitens: »Es gibt ein Denken, das nicht im Sinne der Wissenschaft zwingend und allgemeingültig ist, das daher keine Ergebnisse hat, die als solche in Formen der Wißbarkeit Bestand haben. Dieses Denken, das wir das philosophische Denken nennen, bringt mich zu mir selbst, hat Folgen durch das mit ihm vollzogene innere Handeln, macht die Ursprünge in mir wach, die auch der Wissenschaft erst ihren Sinn geben.« (Aut 44 f.)

Es kommt also darauf an, sowohl Wissenschaft als auch Philosophie rein herauszuarbeiten. Dabei stellt sich heraus, daß Philosophie nicht gegen Wissenschaft gerichtet ist, sondern mit ihr im Bunde ist. Philosophie ist aber auch keine »Überwissenschaft«, sie ist vielmehr ein radikal anderes Denken. Jaspers sucht sich so zu behaupten »gegen die Verachtung der Philosophie seitens vieler Vertreter der Wissenschaften, und gegen die Verachtung der Wissenschaften seitens vernunftwidriger Weisen des Philosophierens« (Aut 45).

Ursprünglich apolitisch, hat Jaspers zu Anfang eine gewisse Scheu, in seinen Vorlesungen oder Schriften von politischen Dingen zu sprechen. Ein erster Schritt in diese Richtung ist die Aufforderung an ihn, das tausendste Göschen-Bändchen zum Thema »Die geistigen Bewegungen der Gegenwart« zu schreiben. Jaspers wandelt das Thema um in *Die geistige Situation der Zeit.* Das Büchlein erscheint 1931.

Die zwölf Jahre von 1933 bis 1945 bedeuten einen tiefen Einschnitt im Leben von Jaspers. Er wird 1933, da seine Frau aus einem jüdischen Hause stammt, von der Mitwirkung an der Universitätsverwaltung ausgeschlossen. 1937 verliert er seine Professur durch Zwangspensionierung. Ab 1938 darf er nichts mehr veröffentlichen. Nur knapp entgeht das Ehepaar Jaspers dem Abtransport in ein Konzentrationslager, der für den 14. April 1945 vorgesehen ist. Denn am 1. April besetzen die Amerikaner Heidelberg. Über sich selbst sagt Jaspers in bezug auf jene Zeit:

»Ich folgte dem [...] Rate Platos: in solchen Zeiten sich unterzustellen wie bei einem Regensturm.« (H/J 167)

Sofort nach der Besetzung von Heidelberg durch die Amerikaner wird Jaspers Mitglied einer Kommission, die die Neugründung der vorläufig geschlossenen Universität vorbereiten sollte. Er erhält seinen Lehrstuhl zurück und arbeitet das Erlebte auf. 1946 erscheint sein Buch *Die Schuldfrage*, 1949 sein geschichtsphilosophisches Werk *Vom Ursprung und Ziel der Geschichte.* Jaspers schreibt dazu: »Philosophisch blieb mir die Aufgabe, die sittlichen Voraussetzungen der Politik und ihre realen Bedingungen mir zu klären; und zweitens: mein politisches Denken an dem vorweggenommenen Standpunkt des Weltbürgers zu orientieren.« (Aut 84)

Das Entscheidende, was uns Jaspers hier zu sagen hat, ist folgendes: »Es gibt kein Naturgesetz und kein Geschichtsgesetz, das den Gang der Dinge im ganzen bestimmt. Es ist die Verantwortung der Entschlüsse und Taten von Menschen und schließlich eines jeden Einzelnen der Milliarden von Menschen, woran die Zukunft liegt. Es kommt auf jeden Einzelnen an. Dieser wird durch seine Lebensweise, seine täglichen kleinen Handlungen, seine großen Entschlüsse sich selber zur Bezeugung dessen, was möglich ist. Er wirkt durch diese seine gegenwärtige Wirklichkeit unerkennbar mit an der Zukunft. Dabei darf er sich so wenig unwichtig finden wie bei Abstimmungen unter Millionen von Stimmen.« (Aut 84)

Jaspers wird in diesen Jahren deutlich, daß die Philosophie nicht ohne politische Konsequenzen ist. »Keine große Philosophie ist ohne politisches Denken, nicht einmal die der großen Metaphysiker [...]. Was eine Philosophie ist, zeigt sie in ihrer politischen Erscheinung. Das ist keine Beiläufigkeit, sondern von zentraler Bedeutung. Nicht zufällig sahen der Nationalsozialismus und der Bolschewismus in der Philosophie den geistigen Todfeind.« (Aut 84 f.)

Seine politischste und darum auch angreifbarste Schrift ist das

Werk *Wohin treibt die Bundesrepublik?* von 1966, in dem er zu geradezu grotesk anmutenden negativen Prognosen über die Bundesrepublik kommt. Kurt Sontheimer[1] sieht hierin »ein grandioses Beispiel für eine eklatant politische Fehldiagnose«, die sowohl Größe wie Beschränkung des politischen Denkens und Urteilens von Jaspers deutlich macht.

Wenn auch Philosophie kein allgemeingültiges Wissen bereitstellt wie die Wissenschaften, so bedeutet das doch nicht, daß das Philosophieren der Willkür, der Laune oder der Subjektivität des Geschmacks preisgegeben ist. Im Gegenteil, philosophische Wahrheit ist für Jaspers unbedingte Wahrheit. Diese ist aber nicht in Form von eindeutigen Sätzen für den Verstand formulierbar, wie das bei der wissenschaftlichen Wahrheit der Fall ist. »Philosophische Wahrheit ist nur in Gedankenbewegungen indirekt mitzuteilen und in keinem Satze angemessen einzufangen.« (Aut 85) Ein erster Versuch in diese Richtung sind die Groninger Vorlesungen *Vernunft und Existenz* von 1935 sowie die kleine Schrift *Existenzphilosophie* von 1938. Weiter ausgearbeitet hat Jaspers diese Gedanken in der Zeit des Nationalsozialismus. Der erste Band der *Philosophischen Logik* erscheint 1947 unter dem Titel *Von der Wahrheit*. Die drei weiteren geplanten Lehrbücher, eine Methodenlehre, eine Kategorienlehre und eine Wissenschaftslehre, werden nicht abgeschlossen. 1991 erscheinen sie postum unter dem Titel *Nachlaß zur Philosophischen Logik*.

In der *Philosophischen Logik* geht es Jaspers darum, sich der Räume zu vergewissern, in denen uns Wahrheit und Sein gegenwärtig werden. Er erklärt dazu: »Das Buch wurde geschrieben im Hinblick auf das Unheil der Unwahrheit, der verdrehten Wahrheit, des Bösen. Ich wollte den eigenen Entschluß in der Klarheit des entscheidenden Entweder-Oder festigen, wo es nur Abwehr, nicht mehr Aneignung gibt. Aber ich wollte auch die Bereitschaft steigern, sich verstehend auf jede Möglichkeit eines

Wahren im Unwahren selber einzulassen. Die Fragwürdigkeiten alles Wahren, das sich selbstgewiß allgemeingültig ausspricht, der Hochmut des Wahrheitsbesitzes sollten ebenso klar werden wie die Verläßlichkeit eines Grundes, der sich der direkten Objektivierung entzieht.« (Aut 88)

1948 nimmt Jaspers einen Ruf an die Universität Basel an, wo er bis zum Jahre 1961 lehrt. Was ihn zu diesem Schritt bewegte, erklärt er so: »Das Ausbleiben der Konsequenzen des Massenmords an Juden – der radikale Abstand vom totalen Verbrecherstaat – meine Isolierung in den Universitätsbestrebungen – die Feindseligkeit der Regierung – eine Überbeanspruchung durch vergebliche Bemühungen – eine Minderung der Kraft meines philosophischen Arbeitens.« (SchW 180)

»Als ich zu philosophieren begann«, schreibt Jaspers, »habe ich mir nicht einfallen lassen, daß mich die Theologie jemals werde interessieren können.« (Aut 112) In einer protestantischen Familie aufgewachsen, die die Kirche ignorierte, entwickelte Jaspers keine Beziehung zur kirchlichen Religion. Doch schon bald merkt er, daß die Realität der Kirche und der Theologie im Philosophieren nicht vernachlässigt werden können. In seiner *Philosophischen Autobiographie* berichtet er von einer seltsamen Erfahrung: »Eines Tages wurde mir gar bewußt, daß ich von Dingen rede, die die Theologie für sich in Anspruch nimmt. Nach einer Vorlesung über Metaphysik (1927/28) kam am Semesterschluß ein katholischer Pfarrer zu mir, sich als mein Hörer zu bedanken, sein Einverständnis auszusprechen: ›Ich habe nur den einen Einwand, daß das meiste von dem, was Sie vorgetragen haben, nach unserer Auffassung Theologie ist.‹ Dies Wort des klugen und eindrucksvollen jungen Mannes machte mich stutzig. Es war offenbar: Ich spreche von Dingen, die anderen als theologisch galten, nicht als Theologe, sondern ich philosophiere. Das mußte klar werden.« (Aut 114)

Aber Jaspers steht nicht als Aufklärer gegen die Kirche und Theologie, um sie zu verneinen, sondern – wie er selbst sagt – »als Diener jener großen selbständigen Wahrheit« (Aut 114), der Wahrheit der Philosophie.

Jaspers hat den »philosophischen Glauben« seit seiner *Philosophie* von 1931 öffentlich vertreten. In der Schrift *Der philosophische Glaube* von 1948 hat er ihn ausdrücklich formuliert. In seinem letzten großen Werk *Der philosophische Glaube angesichts der Offenbarung* von 1962 hat er ihm seine reife Ausgestaltung gegeben. Wenn Jaspers auch die Gegensätzlichkeit von philosophischem und religiösem Glauben betont, so sieht er dennoch eine Möglichkeit des Sichtreffens. In der autobiographischen Reflexion *Über meine Philosophie* von 1941 heißt es dazu: »Religion braucht, um wahrhaftig zu bleiben, das Gewissen der Philosophie. Philosophie braucht, um gehaltvoll zu bleiben, die Substanz der Religion.« (RA 422)

Letztlich ist der religiöse Glaube für Jaspers aber keine wirkliche Möglichkeit. Hinter seiner Ablehnung der Offenbarungsreligion steht das Mißverständnis: Der Gott, der sich offenbart, fordert absoluten Gehorsam, und das widerstreitet der Freiheit des Menschen.

Von 1922 an hat Jaspers auch Vorlesungen über die Geschichte der Philosophie gehalten. Einzelne historische Studien sind auch veröffentlicht worden, so *Nietzsche* (1936) und *Descartes* (1937).

Angesichts der Erfahrungen mit dem Nationalsozialismus hat sich das geschichtliche Interesse von Jaspers gewandelt. Seit dieser Zeit arbeitet er an den Voraussetzungen der Möglichkeit universeller Kommunikation. So faßt er schon 1937 den Plan einer Weltgeschichte der Philosophie. Was Jaspers hier vorschwebt, drückt er so aus:

»Im Unterschied von den großen Enzyklopädien als Stoffsammlungen, die durch die Gemeinschaftsarbeit vieler geleistet werden, verdienstvoll und unentbehrlich sind, muß das Gesamtbild, wo es im philosophischen Interesse durch einen Einzelnen versucht wird, als Aufgabe anders gestellt werden: Nicht Vollständigkeit des Materials, nicht Alleswissen, sondern die knappe Darstellung der Grundschemata der geschichtlichen Auffassung, ständig durch bedeutende Beispiele veranschaulicht; – den Sinn wecken für das geschichtliche Ganze, die Rangordnungen und die Größe und für die wenigen einzig Großen; – die Orientierung finden im Wesentlichen der Zeitalter, der Sachprobleme, der im Denken wirksamen Mächte; – die Anschaulichkeit gewinnen der großen geschichtlich selbständigen Ursprünge in China, in Indien, im Vorderen Orient und im Abendland; – das Fühlbarmachen des Geschichtlichen selber im Unterschied vom abstrakt Allgemeinen.« (Aut 122)

Wir sind nach Jaspers »auf dem Wege vom Abendrot der europäischen Philosophie zur Morgenröte der Weltphilosophie«: »Auf dem Wege werden wir, alle Einzelnen, liegenbleiben. Aber es wird weitergehen in eine Zukunft, die neben den schrecklichsten auch die leuchtendsten Möglichkeiten zeigt, – in den Untergang, in dem der Einzelne durch Philosophie seine Würde retten kann, oder in den Aufgang, für den Philosophie das sittliche Bewußtsein hervorbringen wird, ohne das er scheitern muß.« (Aut 122)

Das Werk *Die großen Philosophen* von 1957 und die 1981 postum veröffentlichten weiteren zwei Bände gleichen Titels sowie eine 1982 veröffentlichte *Einleitung* zur *Weltgeschichte der Philosophie*, die aber wohl schon in den Jahren 1951/52 geschrieben wurde, machen dieses Bemühen von Jaspers deutlich.

Über seine Zeitgenossen sagt Jaspers: »In der Zunft der Philosophen war unter den Zeitgenossen Heidegger der einzige, der mich wesentlich anging.« (Aut 92) 1920 treffen die beiden Denker sich ein erstes Mal bei Husserl. In den folgenden Jahren entwikkelt sich eine lebendige Beziehung. Jaspers äußert sich dazu folgendermaßen: »Durch Heidegger erblickte ich im Zeitgenossen dieses Etwas, was sonst nur in der Vergangenheit vorkam und das unerläßlich zum Philosophieren ist. Es wurde mir zwar bei keinem Zeitgenossen, auch nicht bei Heidegger, Maßstab, den ich für meine Arbeit gelten ließ, aber etwas, woran ich mich orientierte als einer Form, um auf meinem Wege, im Umgang mit den Alten, wenigstens die mir mögliche Form zu suchen für das, was mich von Jugend an so tief bewegte, und für das ich keine Sprache genügend und angemessen fand.« (Aut 95 f.)

Auf das Erscheinen von Heideggers *Sein und Zeit* im Jahre 1927 reagiert Jaspers nicht eigentlich interessiert. Schon einige Manuskriptseiten, die Heidegger Jaspers 1922 hat zukommen lassen, erschienen ihm unverständlich in der Ausdrucksweise. Über die Schrift als Ganzes sagt er: »Trotz des Glanzes seiner kraftvollen Analysen erschien es mir aber doch für das, was ich philosophisch begehrte, unergiebig. Ich freute mich über die Leistung des mir verbundenen Mannes, war aber unlustig, sie zu lesen, blieb bald stecken, weil Stil, Gehalt und Denkungsart mich nicht ansprachen. Ich empfand das Buch auch nicht als etwas, gegen das ich zu denken hätte, mit dem ich mich auseinandersetzen müßte. Es kam mir von dort her im Unterschied zu den Gesprächen mit Heidegger, kein Impuls.« (Aut 98 f.)

Als sich Heidegger 1933 dem Nationalsozialismus zuwendet, kommt es zum Bruch. Die beiden Denker sehen sich nicht mehr wieder. Allein ein brieflicher Kontakt bleibt bis 1936 erhalten, der aber dann erst 1949 wieder aufgenommen wird. Dieser Briefwechsel wurde 1990 veröffentlicht.

In einem Brief an Heidegger vom 19. März 1950 heißt es hier: »Sie werden mir verzeihen, wenn ich sage, was ich manchmal dachte: daß Sie sich den nationalsozialistischen Erscheinungen gegenüber zu verhalten schienen, wie ein Knabe, der träumt, nicht weiß, was er tut, wie blind und wie vergessend auf ein Unternehmen sich einläßt, das ihm so anders aussieht, als es in der Realität ist, dann bald ratlos vor einem Trümmerhaufen steht und sich weitertreiben läßt.« (H/J 198) Heidegger dazu lapidar: »Sie haben es mit dem Bild vom träumenden Knaben völlig getroffen.« (H/J 200)

Jaspers unterzieht in den folgenden Jahren Heideggers Denken und Person einer Kritik, in der das politische Verhalten Heideggers sich als Konsequenz seiner philosophischen Denkungsart zeigt. In einer Notiz von 1951 nennt Jaspers die folgenden vier entscheidenden Unterschiede zu Heidegger:

> »1. er beansprucht etwas völlig Neues, – sieht gnostisch einen Geschichtsprozeß des Seins – ich lebe in der Aneignung einer philosophia perennis, lege keinen Wert auf Neuerung, auf einen Schritt und Schnitt – 2. Heid.[egger] läßt fallen – ich möchte mit deren Sinn jeweils Wesentliches, – die Grundhaltung und Grundeinsichten, das Grundwissen bewahren und erneuern, wobei es ungewollt eine geschichtliche Wandlung des Kleides vollzieht. 3. Heid.[egger] verkennt die Wissenschaften – spricht genötigt dämonisch von der Technik (wie Jünger) – ich möchte Wissenschaften zur Bedingung der Menschenwürde aneignen, – und in Beidem erkennen – 4. Heid.[egger] ist hingerissen von einem mehr Geahnten – ich lebe in überlieferten Gehalten.« (NMH 76)

Diese *Notizen zu Martin Heidegger*, die postum 1978 veröffentlicht wurden, liegen gebündelt auf Jaspers' Schreibtisch, als er am 26. Februar 1969 in Basel stirbt.

2. Philosophie in Abgrenzung zur Wissenschaft

Eine erste Annäherung an das Wesen der Philosophie sucht Jaspers dadurch zu gewinnen, daß er sie von Wissenschaft und Religion unterscheidet. Philosophie darf sich dem anderen nicht unterwerfen, sondern sie muß im Sich-Unterscheiden als sie selbst neu erstehen.

In einem autobiographischen Rückblick mit dem Titel *Über meine Philosophie* von 1941 schreibt Jaspers unter der Überschrift *Was ist Wissenschaft?*: »Ich suchte in der Jugend Philosophie als ein Wissen. Die Lehren, die ich hörte und las, schienen diesem Anspruch entgegenzukommen. Sie begründeten, bewiesen, widerlegten, standen in einer Reihe mit allem anderen Wissen, nur gingen sie auf das Ganze, statt auf einzelne Gegenstände. Aber bald erfuhr ich, daß die meisten philosophischen und viele wissenschaftliche Lehren keine Gewißheit brachten. [...] Aus diesen Erfahrungen ergab sich die Grundfrage: was ist eigentlich Wissenschaft? Was kann sie? Wo liegen ihre Grenzen?« (RA 408 f.)

Was Jaspers hier anspricht, daß Philosophie zwar den Anspruch auf Wissenschaftlichkeit erhebt, aber letztlich doch kein zwingendes Wissen darbieten kann, das begegnete ihm in dem Bemühen von Phänomenologie, Neukantianismus und Logischem Positivismus. Die Phänomenologie, deren Begründer Edmund Husserl ist, der Neukantianismus, wie ihn sein Kollege Heinrich Rickert vertritt, und der Logische Positivismus eines Rudolf Carnap sind Formen der Reaktion auf eine Metaphysik, die in der Weise, wie sie etwa bei Hegel zu einem gewissen Abschluß kam, nicht mehr durchführbar war. Gemeinsam ist ihnen die Forderung nach einer »wissenschaftlichen Philosophie«.

Über Husserls Schrift *Philosophie als strenge Wissenschaft* von 1911 urteilt Jaspers: »Es war zwar ein Meisterwerk auch in seiner vor keiner Absurdität zurückschreckenden Konsequenz. Mir aber wurde durch ihn die Verkehrung der Philosophie in Wissenschaft klar, die mich empörte.« (RA 386)

Rickert, als Student mit dem Positivismus und Materialismus in Berührung gekommen, eine Berührung, die ihn an den Rand des Nihilismus führte, rettete sich, indem er den Sprung in die Exaktheit und Begrenzung der wissenschaftlichen Philosophie macht.[2] Die folgende Bemerkung aus der *Philosophie* ist sicherlich gegen Rickert gerichtet, wenn es hier heißt: »Die Philosophie aber, welche einfach und durchsichtig werden möchte durch bloß intellektuelles Denken in einer Fachwissenschaft, die sich diesen stolzen Namen gibt, unterliegt dem Verhängnis, grade die philosophische Einfachheit stets vernichten zu müssen. Während diese sich in unausschöpfbaren Urworten wie Idee, Geist, Seele, Substanz, Existenz, Welt konzentriert, führt die wissenschaftliche Philosophie einen steten Kampf gegen Urworte, um einfach definierbare rationale Zeichen für fixierte und endliche Begriffe übrigzubehalten.« (Ph I 267) Während für Rickert die Philosophie Erkennen und Wissen und ihre Methode theoretisches Begreifen und allgemeingültiges Formulieren ist, ist sie für Jaspers ein Durchstoßen zu äußersten Grenzen. Um wirklich zu werden, muß sie gelebt werden.

Auch der Logische Positivismus stellt die Forderung nach einer wissenschaftlichen Philosophie. In dem Aufsatz *Überwindung der Metaphysik durch logische Analyse der Sprache*[3] von 1931 macht sein entschiedenster Verfechter, Rudolf Carnap, deutlich, was er hierunter versteht. Die These von Carnap ist folgende: Die angeblichen Sätze der Metaphysik enthüllen sich durch logische Analyse als Scheinsätze. Anhand von Heidegger-Zitaten, die der Schrift *Was ist Metaphysik?*[4] entnommen sind, versucht Carnap nachzuweisen, daß die Möglichkeit der Bildung von Scheinsätzen darauf beruht, daß es der Sprache an Logik mangelt. In seinem Werk *Von der Wahrheit* aus dem Jahr 1947 schreibt Jaspers unter der Überschrift *Grammatik und Logik* hierzu:

»Logische Überlegung erkennt in der Grammatik logische Prinzipien, aber so, daß die faktische Grammatik auch ständig gegen Logik verfehlt. Es erwächst die Idee einer ›richtigen‹ Grammatik, die allen logischen Folgerungen Genüge täte. Aber mit ihrer Verwirklichung wäre die Sprache tot. Das Unlogische in der Grammatik ist zu gutem Teil Ausdruck von Wahrheiten, die sich der formalen Logik entziehen. Das formal Logische ist nur eines der Gerüste der Sprache, nicht absolut gültig, wenn auch unerläßlich. Die Betrachtung der Sprache unter formallogischen Gesichtspunkten erkennt die Sprache nur als Zeichensprache und hat die Tendenz, die Sprache zu reinigen, bis sie – im Verlust ihres Lebens – nur noch Zeichensprache ist. Aber für solche Betrachtung gewinnt die Sprache auch eine gesteigerte, ja absolut zentrale Bedeutung. Wie in der Mathematik die Erfindung der Zeichen nicht ein beiläufiges Geschäft ist, sondern zusammenfällt mit der Entdeckung neuer Gebiete und der Ermöglichung unendlicher Operationen, so gilt die Sprache fast als die Sache selbst.« (VdW 447)

Nach Jaspers ist dieser Standpunkt bei Carnap bis zur Absurdität getrieben.

Die Möglichkeit der Klarheit ist für Jaspers unbegrenzt. »Was immer wir sind und was uns gegenwärtig wird, kann klar werden. Klarheit in diesem Sinne ist nicht beschränkt auf das, was im formallogischen Zusammenhang von Zeichen oder was definitorisch klar werden kann.« (VdW 463) Wittgensteins Satz: »Wovon man nicht sprechen kann, davon soll man schweigen«[5], bedeutet nach Jaspers demgegenüber die Beschränkung auf gegenständlich bestimmtes Wissen, d.h. auf wissenschaftliches Erkennen. (Vgl. Einf 33)

Wie konnte es zu einer »wissenschaftlichen Philosophie« kommen? Philosophie begreift sich um die Jahrhundertwende als eine Wissenschaft neben anderen. Die exakten Erfahrungswissenschaften werden zum Vorbild für die Philosophie. Aber diese wissenschaftliche Philosophie bleibt einerseits immer hinter der Erfahrungswissenschaft zurück und gibt andererseits keine Antworten auf drängende, wirklich philosophische Fragen. Die wissenschaftliche Philosophie versucht so ein Wissenwollen zu befriedigen, das sie der Sache nach nicht befriedigen kann. Die Erfahrungswissenschaften dagegen sind dazu in der Lage.

Gegenüber dieser Verkehrung sucht Jaspers, das wahre Wesen der Philosophie wiederzugewinnen. Dazu bedarf es einer grundsätzlichen Klärung der Frage, was Wissenschaft ist. Die »rein« gewordene Wissenschaft hilft durch den Kontrast zur Philosophie, die unklare Mischung von Philosophie und Wissenschaft zu erkennen und zu überwinden. Allein das Wissen um die reine Wissenschaft kann verhindern, daß im Philosophieren noch einmal Sacherkenntnis behauptet wird, eine Sacherkenntnis, die ihren Ort in methodisch exakter Forschung hat und nirgends sonst.

Aber auch das Umgekehrte gilt: Philosophie ist unumgänglich für die Reinheit echter Wissenschaft. Denn ohne Philosophie versteht Wissenschaft sich selbst nicht. Den Wissenschaften kommt somit eine doppelte positive Möglichkeit zu: »ihre eigene reine Entfaltung und durch ihr Dasein die entscheidende Klarheit des Sinns der uralten, immer neu zu erringenden Philosophie« (Arzt 56). An dem Unheil der Verkehrung sind nach Jaspers Descartes und Bacon nicht unbeteiligt, denn sie haben die moderne Wissenschaft verkannt, zugleich aber entscheidend auf die nachfolgende Zeit gewirkt. (Vgl. Arzt 55 f.)

Drei unerläßliche Merkmale kennzeichnen laut Jaspers die moderne Wissenschaft: »Sie ist methodische Erkenntnis, ist zwingend gewiß und allgemeingültig.« (UZG 111) Methodische Erkenntnis heißt, daß ich mir der Methode bewußt bin, durch die ich das Wissen erwerbe, ich also das Wissen begründen kann. Mit zwingender Gewißheit ist keine absolute, sondern immer nur eine hypothetische Gewißheit gemeint. Es bleibt immer eine Ungewißheit; erreicht werden kann immer nur eine große Wahrscheinlichkeit, die an Gewißheit grenzen mag, aber nie absolut zwingend ist. Allgemeingültigkeit bedeutet schließlich, daß die Einsicht von jedem Verstand zwingend erfahren werden kann.

Diese drei Kriterien galten auch schon für die griechischen Wissenschaften. Die moderne Wissenschaft zeichnet sich Jaspers zufolge darüber hinaus noch durch die folgenden weiteren sieben Momente aus (vgl. UZG 112-117): 1. Ihrem Geist nach ist die moderne Wissenschaft universal, d.h., sie bezieht sich auf alles, was gegenständlichen Charakter hat, seien es nun Realitäten oder reine Möglichkeiten. 2. Die moderne Wissenschaft ist »grundsätzlich unfertig«, da ihr Erkenntnisinhalt prinzipiell ungeschlossen und unschließbar ist. Wir können grenzenlos weitergehen – ja, die Wissenschaften gehen auch faktisch grenzenlos weiter. Hier hat der Fortschrittsgedanke seinen eigentlichen Ort. 3. Für die moderne Wissenschaft gibt es nichts Gleichgültiges. Alles erscheint ihr wissenswert. Demgegenüber ließ sich die griechische Wissenschaft von Idealen, Typen, Gestalten lenken; sie ging über viele Realitäten hinweg. 4. Obwohl die moderne Wissenschaft dem einzelnen zugewandt ist, so sucht sie doch den allseitigen Zusammenhang. Der Kosmos des Seins ist ihr zwar verwehrt, nicht aber der Kosmos der Wissenschaften. Die moderne Wissenschaft lebt hin auf die Einheit der Wissenschaften, die doch nie da ist. 5. In der modernen Wissenschaft ist die Radikalität des Fragens auf das höchste gesteigert. Diese Radikalität macht erst die Formulierung neuer Hypothesen möglich. 6. Weiter ist für die moderne Wissenschaft die Universalität im Herausarbeiten der Kategorien und Methoden charakteristisch. 7. Die moderne Wissenschaft ist schließlich von einer wissenschaftlichen Haltung durchdrungen, die das zwingend Gewußte vom nicht zwingend Gewußten unterscheidet. Sie sucht uneingeschränkt Kritik.

Entscheidend ist nun für Jaspers die Einsicht, daß die Wissenschaft Grenzen hat, prinzipielle Grenzen, die sie nicht überschreiten kann. Diese Grenzen bewußt zu machen, ist Aufgabe der *Philosophischen Weltorientierung*.

Was muß man sich unter diesen Grenzen vorstellen? Gemeint ist hier nicht die Grenze des Noch-nicht-Wißbaren, denn das wäre keine prinzipielle Grenze. In der Wissenschaft herrscht das Fortschrittsschema, und es ist nur eine Frage der Zeit, wann diese Grenze des Noch-nicht-Wißbaren einmal überschritten wird. Prinzipielle Grenzen dagegen sind durch keinen möglichen Fortschritt überwindbar. Der endlose Fortschritt der Wissenschaft ist immer nur im Bereich dieser Grenzen denkbar. Was aber sind solche prinzipiellen Grenzen für die wissenschaftliche Weltorientierung?

Jaspers nennt hier drei Grenzen: »Ich gewinne *zwingende Einsicht*, aber das Zwingende wird *nicht absolut*; ich werde der *Endlosigkeit* Herr, aber sie bleibt *auch unüberwunden*; ich erreiche *Einheiten*, aber *nicht* die Einheit *der Welt*.« (Ph I 87) Die Wissenschaft bleibt also immer in der Relativität ihrer Erkenntnisse, wird den Schleier der Dinge nie ganz lüften können und ist immer an Gegenständlichkeit als die Möglichkeit der Orientierung gebunden.

Aber »jenseits« der Grenzen der Wissenschaft »ist« nicht nichts. Es gibt nicht nur wissenschaftliche Erkenntnis; die Dinge gehen nicht auf in dem, was wir über sie wissen; und es gibt »Ungegenständliches«. Die Wahrheit des »Bewußtseins überhaupt« ist nicht *alle* Wahrheit. Das Sein als Objektsein ist nicht *alles* Sein. Selbst die Frage nach dem *Sinn der Wissenschaft* stellt schon keinen Gegenstand des einsehbaren Wissens mehr dar, sondern markiert seine Grenze.

Verlangt man von der Wissenschaft Auskunft über die Ziele des Lebens, über das richtige Handeln, so überschätzt man ihren Geltungsbereich. Wissenschaft kann nicht geben, worauf es im Leben ankommt. Aber reine Wissenschaft ist ungemein selten. Zumeist ist sie vermischt mit unwissenschaftlichen Elementen, zumal im Bewußtsein der Masse der Menschen. Nur wenige wissen wirklich um das, was Wissenschaft ist und nicht ist. »Die falsche Erwartung ist der Wissenschaftsaberglaube, die folgende Enttäuschung führt zur Wissenschaftsverachtung.« (UZG 124) Aber beides hat mit eigentlicher Wissenschaft nichts mehr zu tun. Wie kommt es dazu?

Das Forschen hat die Erkennbarkeit der Welt zur Voraussetzung. Erkennbarkeit der Welt kann aber zweierlei bedeuten: erstens die »Erkennbarkeit von Gegenständen in der Welt«, zweitens die »Erkennbarkeit der Welt im Ganzen« (UZG 125). Die erste Voraussetzung ist richtig, die zweite ist falsch! Daß dies so ist, kann nur gezeigt werden, indem man Sinn und Grenze der modernen Wissenschaft *rein* zu erfassen sucht. Aber im Menschen ist der uralte Drang zum philosophischen Totalwissen vorhanden. In diesem Sinne war die Philosophie von jeher als Wissenschaft aufgetreten, die das Ganze weiß. Gefährlich wird es, wenn die moderne Wissenschaft sich mit dem alten Anspruch auf Totalwissen identifiziert. Diese Form liegt vor im heutigen Wissenschaftsaberglauben. Der typisch moderne Aberglaube »nimmt Resultate kritiklos an, ohne den Weg zu kennen, auf dem sie methodisch gewonnen werden, und ohne die Grenzen zu kennen, innerhalb derer jeweils die wissenschaftlichen Resultate Geltung haben« (UZG 125f.). Wird dieser Wissenschaftsaberglaube enttäuscht, so entsteht als Reaktion darauf eine Verwerfung der Wissenschaft. Man beruft sich nur noch auf Gefühl, Instinkt und Trieb. Und alles Unheil schreibt man dann der Entwicklung der modernen Wissenschaft zu.

Als typische Beispiele für solchen Wissenschaftsaberglauben gelten Jaspers der Marxismus, die Psychoanalyse und die Rassentheorie (vgl. VWZ 9-29); hier sind Soziologie, Psychologie und biologische Anthropologie – unter Verlust ihrer Wissenschaftlichkeit – zur Weltanschauung verwandelt. Aber damit werden sie letztlich zu einem »Afterbild der Philosophie« (KlSch 115).

»Unser Zeitalter ist das der Simplifikationen«, schreibt Jaspers. »Die Schlagworte, die alles erklärenden Universaltheorien, die groben Antithesen haben Erfolg.« (UZG 171) Aber alle totale und alle monokausale Erklärung erweist sich letztlich als falsch. Max Weber ist für Jaspers u. a. gerade deshalb so bedeutsam, weil er solche Totalerklärung strikt ablehnt. (Vgl. A/J 444)

Die Philosophie ist der modernen Wissenschaft gegenüber ein »Nichtwissen«; dieses zeigt sich aber erst auf dem Wege wissenschaftlichen Erkennens, nicht ohne es und nicht vor ihm. »Die Leidenschaft des Erkennens ist es, durch seine höchste Steigerung gerade dorthin zu gelangen, wo das Erkennen scheitert.« (Einf 60)

Jaspers spricht von einem »Ruck des Seinsbewußtseins«, von einem »unverlierbaren Licht, das im philosophischen Denken des Weltseins aufgeht« (Einf 62). Diese Worte erinnern an Platons Höhlengleichnis. In seinem Beitrag *Philosophie und Wissenschaft* von 1948 nennt Jaspers Platon auch ausdrücklich, und er bemerkt dazu: »Wie entfernt ist die Wahrheit, deren Offenbarwerden im Erkennen Plato durch das Höhlengleichnis deutet und im Spiel seiner Dialektik berührt, diese Wahrheit, die das Sein trifft und das, was über allem Sein ist – wie ursprünglich verschieden ist sie von der Wahrheit der Wissenschaften, die immer nur in den Erscheinungen des Seienden sich bewegen, ohne je das Sein zu erreichen.« (RA 246 f.)

So ist es falsch zu meinen, die Philosophie sei nur der Mutterboden der Wissenschaften in der Weise, daß, wenn sich alle Wissenschaften aus ihr herausgebildet haben, sie selbst nichts mehr sei. Philosophie bezieht sich auf das Sein, Wissenschaft immer nur auf das Seiende. Die Wissenschaften haben inzwischen alles unter sich aufgeteilt. Und doch ist die Zeit der Philosophie nicht abgelaufen. Die Philosophie behält auch jetzt weiter ihr Lebensrecht.

Wissenschaft muß zwingend und allgemeingültig sein, will sie diesen Namen verdienen. Wissen ist aber immer nur in bezug auf bestimmte Gesichtspunkte und Methoden möglich. Wissenschaft ist darum immer partikular, sie erfaßt nicht das Ganze des Seins, sie ist nicht totale Seinserkenntnis, vielmehr kann sie immer nur spezifische Sacherkenntnis sein. Und will sie totale Seinserkenntnis sein, dann ist sie nicht Wissenschaft, sondern Pseudowissenschaft, und zu verwerfen.

Philosophie stellt nicht noch eine weitere Wissenschaft neben den anderen dar. Sie ist, obgleich an Wissenschaften gebunden und niemals ohne sie, etwas ganz anderes als Wissenschaft. Für Jaspers ist sie »das Denken, das den Aufschwung zur Transzendenz vorbereitet, erinnert und in hohem Augenblick selber vollzieht als ein denkendes Tun des ganzen Menschen« (RA 412).

An den Grenzen des Wissens ist nicht nichts, vielmehr *zeigt* sich hier das *Unwißbare.* »An diesen Grenzen hört zwar das Erkennen, aber nicht das Denken auf.« (Einf 97) Während Wissen in der technischen Anwendung zu äußerem Handeln führt, führt das Nichtwissen der Philosophie zu *innerem Handeln,* in dem ich mich verwandle. »Hier zeigt sich eine andere und tiefere

Macht des Gedankens, der nicht mehr losgelöst auf einen Gegenstand geht, sondern im Innersten meines Wesens der Vollzug ist, in dem Denken und Sein dasselbe werden. Dieses Denken als inneres Handeln ist gemessen an äußerer Macht des Technischen wie nichts, es ist nicht als Anwendung meines Wissens zu gewinnen, nicht nach Absicht und Plan zu machen, aber es ist das eigentliche Hellwerden und Wesentlichwerden ineins.« (Einf 97)

Die Klärung der Grenzen und des Sinns der Wissenschaften weist auf die Unabhängigkeit des philosophischen Ursprungs hin. »Aus diesem Ursprung ist zu erfahren, was keine Wissenschaft uns lehrt. [...] Philosophie verlangt ein *anderes Denken*, ein Denken, das im Wissen zugleich mich erinnert, wach macht, zu mir selbst bringt, mich verwandelt.« (E 10)

Das trübe Vermischtsein von Philosophie und Wissenschaft gilt es radikal zu überwinden. Beide müssen *rein* herausgearbeitet werden. Zuerst führte der Weg von der verfallenen Philosophie zu den realen Wissenschaften. Heute geht es hingegen darum, den Weg von den Wissenschaften zurück zur eigentlichen Philosophie wiederzufinden.

Problematisch an dieser Bestimmung der Philosophie ist nicht so sehr – wie Salamun[6] im Anschluß an Stegmüller[7] meint –, daß Jaspers das Wissen der Wissenschaft ein zwingend gewisses nennt, denn er macht immer wieder deutlich, daß damit keine absolute Gewißheit impliziert ist, sondern immer nur eine hypothetische. (Vgl. NPL 387) Problematisch hieran ist vielmehr, daß der Begriff des Gegenständlichen in einer Weise eingeschränkt wird, was man so nicht teilen muß. Diese Einschränkung führt schließlich zu der Auffassung, daß Philosophie es allein mit »Ungegenständlichem« zu tun hat, das nur einem transzendierenden Denken erreichbar ist und nur indirekt mitgeteilt werden kann. Damit wird klar, daß die Philosophie keinen Anspruch mehr auf Wissen erheben kann, denn Wissen hat nach Jaspers allein in den Wissenschaften seinen Ort. Philosophie rückt so aber in eine gefährliche Nähe zur Religion. Das wird auch schon am Begriff des »philosophischen Glaubens« deutlich, der in einem weiteren Sinne auf das Gesamtdenken von Jaspers bezogen werden kann. Damit aber wird es notwendig, den Unterschied von Philosophie und Religion deutlich herauszuarbeiten, denn in beiden Gebieten handelt es sich um eine jeweils andere Art von Glauben. Es stellt sich dann allerdings die Frage, ob es überhaupt sinnvoll ist, in der Philosophie von Glauben zu sprechen. Zudem schneidet Jaspers nun auch selbst wieder Themenbereiche an, die über das hinausgehen, was er mit dem Begriff des philosophischen Glaubens bezeichnet; ich denke hier an die philosophischen Glaubensgehalte und das philosophische Grundwissen.

3. Philosophie in Abgrenzung zur Religion

Philosophie ist etwas wesentlich anderes als Wissenschaft. Das hat die vorangegangene Erörterung deutlich werden lassen. Was aber ist dann Philosophie? Ein Zentralbegriff in Jaspers' Denken ist der des »philosophischen Glaubens«. Wie aber ist dieser philosophische Glaube unterschieden vom religiösen Glauben? Und was macht diesen philosophischen Glauben aus? In diesem dritten Kapitel kann es noch nicht darum gehen, das Wesen der Philosophie als solches zu erfassen, aber eine weitere Annäherung kann dadurch erreicht werden, daß die Philosophie der Religion kontrastiert wird.

Jaspers' Sicht des Verhältnisses von Philosophie und Religion ist durch folgenden Satz grundsätzlich bestimmt: »Die *Spannung* ist gegenüber der *Religion* eine absolute: der eigentlich Religiöse kann Theologe, aber nicht ohne Bruch Philosoph, der Philosoph als solcher nicht ohne Bruch ein Religiöser werden.« (Ph I 294) Diese programmatische Formulierung aus der *Philosophie* von 1932 gilt es näher zu entfalten.

Das Verhältnis von Philosophie und Religion wurde selten in einer solch absoluten Spannung gesehen, wie Jaspers dies tut. Die klassische Tradition hat zwar immer auch zwischen Philosophie und Religion unterschieden, setzte sie aber gleichzeitig in Beziehung miteinander. Der Glaube spielt hiernach auch im Bereich der menschlichen Vernunft eine Rolle, und der Vernunft kommt für den Bereich des Übernatürlichen ebenfalls eine wichtige Bedeutung zu.[8]

Demgegenüber scheint Jaspers zwischen Philosophie und Religion einen unvereinbaren Gegensatz auszumachen. Hinter einer solchen Position stehen zum Teil Mißverständnisse, zum Teil aber auch philosophische »Dogmen«, auf die sich Jaspers beruft, so zum Beispiel die Auffassung, daß die Transzendenz »absolut« verborgen sei und jede Offenbarung sie verdingliche.

Jaspers Kritik am Offenbarungsglauben ist äußerst komplex und vielschichtig. Ich kann hier nicht alle Punkte erörtern, sondern muß mich auf einige wesentliche Dinge konzentrieren. Folgende Punkte sollen zur Sprache kommen: der Offenbarungsbegriff, der Absolutheitsanspruch und das Problem der Inkarnation. Schließlich will ich noch kurz etwas darüber sagen, wie Jaspers Jesus sieht und wie er sich eine Wandlung des biblischen Glaubens vorstellt.

Schon in der *Philosophie* heißt es zum Thema Offenbarung: *»Die Objektivität der Offenbarung* wird in der Religion als ein historisch einmaliges Faktum zu einem endlich Einsehbaren fixiert, hat nicht mehr Symbolcharakter als Artikulation geschichtlichen Transzendierens, sondern ist starr geworden das direkte Wort Gottes.« (Ph I 297) Als solcherart Gewußte führt sie notwendig zu Gehorsam und Unterwerfung. Damit aber ist nach Jaspers die Freiheit des Menschen in Frage gestellt.

Ein solches Offenbarungsverständnis könnte man als supranaturalistisch bezeichnen: Gott spricht und fordert – der Mensch vernimmt und unterwirft sich. Sicherlich mag es in der Theologiegeschichte Positionen gegeben haben, die Offenbarung so verstehen. Aber es handelt sich hier um ein verzerrtes Offenbarungsverständnis. Denn Offenbarung ist nicht mit einem einmal geschehenen geschichtlichen Faktum identisch, das sich eindeutig in Sätzen ausdrücken ließe, sondern immer auch ein aktuales Geschehen zwischen Gott und Mensch, also eine Begegnung zwischen zwei Personen. Und eine personale Begegnung schließt die Freiheit nicht aus, sondern ein. Die Alternative, die Jaspers aufstellt: »entweder zum Gehorsam und Verzicht auf Unabhängigkeit, oder zur Freiheit und zum Verzicht auf Kultus und Offenbarung« (Ph I 301), greift zu kurz.

»Offenbarung, die als solche mitgeteilt wird«, schreibt Jaspers, »muß eine Gestalt in der Welt haben. Als ausgesagte verfällt sie der Endlichkeit, ja der Begrifflichkeit. Im Sprechen wird das in ihr Gemeinte verkehrt. Das Menschenwort ist nicht mehr Gottes Wort.« (Gl 65 f.) Richtig hieran ist, daß Offenbarung an sich eindeutig ist. Aber in dem Moment, in dem sie sich ereignet, also eingeht in eine endliche Gestalt, wird sie notwendig zweideutig. Darum ist sie immer auch interpretationsbedürftig. Fundamentalismus ist in diesem Sinne ein falsches Leseverhalten. Interpretationsbedürftigkeit bedeutet aber nicht Verkehrtheit. Zudem sind Satzwahrheiten ja immer nur die eine Seite der Offenbarung. In Jesus Christus ist die Person Offenbarungsträger.

Denkt man zum Beispiel an das korrelative Offenbarungsverständnis, wie es Paul Tillich entwickelt hat, so wird sofort deutlich, daß die Kritik von Jaspers sich gegen ein verzerrtes Offenbarungsverständnis richtet und daß Tillich in seinem Offenbarungsverständnis diese Kritik immer schon mitbedacht hat.[9] Aber Jaspers hat sich ja bekanntlich nicht mit Tillich, sondern mit Karl Barth (vgl. PGO 174-179) und Rudolf Bultmann (vgl. Ent) auseinandergesetzt.

Jaspers bekommt da Probleme, wo eine Religion mit Absolutheitsanspruch auftritt – wie das im Christentum der Fall ist –, wobei er in diesem Zusammenhang zumeist vom Ausschließlichkeitsanspruch spricht. (Vgl. Gl 69) Mit der Unterscheidung zwischen »unbedingt gültig« und »Wahrheit für alle« glaubt er, den Absolutheitsanspruch aus den Angeln heben zu können: »Was geschichtlich, was existentiell wahr ist, ist zwar unbedingt, aber in seinem Ausgesagtsein und seiner Erscheinung darum nicht

Wahrheit für alle. Umgekehrt: Was allgemeingültig für alle ist (wie die wissenschaftlichen und alle Verstandesrichtigkeiten), ist gerade darum nicht unbedingt.« (Gl 70) »Zur Unbedingtheit geschichtlicher Wahrheit gehört die Relativität jeder ihrer Aussagbarkeiten und historisch endlichen Erscheinungsformen. Zur Allgemeingültigkeit erkenntnismäßiger Richtigkeit in Aussagen gehört die Relativität der sie begründenden Gesichtspunkte und Methoden.« (Gl 71)

Jaspers spielt hier etwas gegeneinander aus, was so die Sache nicht trifft. Wenn behauptet wird: Jesus Christus ist der Weg, die Wahrheit und das Leben, oder: Die Offenbarung in Jesus Christus ist die letztgültige, nicht mehr weiter überbietbare Offenbarung Gottes, so beansprucht man damit ja nicht eine Allgemeingültigkeit im Sinne wissenschaftlicher Aussagen; diese Aussage bleibt vielmehr immer noch eine Glaubensaussage.

Für das Christentum fordert Jaspers die Aufgabe des Absolutheitsanspruches. »An die Offenbarungsgläubigen geht der Anspruch, mit dem Preisgeben des Ausschließlichkeitsgedankens das Schwert in die Scheide zu werfen [...]. Nur wenn das Gift des Ausschließlichkeitsanspruches entfernt wird, kann der biblische Glaube eigentlich ernst und damit kommunikativ und friedlich werden, sein Wesen rein verwirklichen.« (PGO 507 f.) Mit der Aufgabe des Absolutheitsanspruchs würde das Christentum aber nicht sein Wesen rein verwirklichen, wie Jaspers meint, sondern sein Wesen preisgeben. Denn es basiert ja geradezu auf dem christologischen Grunddogma: daß Jesus der Christus ist.

Mit den bisherigen Ausführungen wird nun auch deutlich, weshalb Jaspers' Kritik am Offenbarungsglauben eine letzte Zuspitzung in der Christusfrage erfährt. In seinem Werk *Von der Wahrheit* spricht Jaspers von den zwei Möglichkeiten: *Katholizität und Vernunft.* (Vgl. VdW 832 ff.) Und zwischen diesen beiden Alternativen besteht für ihn ein unversöhnlicher Gegensatz.

Wenn Jaspers hier von »Katholizität« spricht, so will er dieses Wort im ursprünglichen Wortsinn nehmen, also im Sinne von: das Ganze betreffend, allgemein. »Dieser Gegensatz ist nicht der von Autorität und Freiheit, nicht der von Religion und Philosophie, nicht der von Glauben und Wissen. Denn diese Gegensätze sind sämtlich Polaritäten, die noch im Kampf aneinander gebunden sind. Aber der Gegensatz von Katholizität und Vernunft, der quer zu jenem liegt, scheint unüberbrückbar, nicht polar, sondern ausschließlich.« (VdW 833) Jaspers denkt diesen Gegensatz zwar umfassender, in diesem Sinne gehört er zum Wahrheits- und Kommunikationsbegriff. Aber da er ihn auch auf das Christentum bezieht, soll er hier erörtert werden.

Im »Gottmenschen Christus« sieht Jaspers die »*geschichtliche Einheit* der Autorität« – konzentriert in einem historischen Faktum. Gegen die *geschichtliche Einheit* steht nach Jaspers aber die *Einheit aller Geschichte.* »Die *fixierte geschichtliche Einheit* der Katholizität [...] läßt die Geschichte sich schließen, indem sie die eigene zur allgemeinen und einzigen werden läßt. Die Geschichte dreht sich um eine einzige Achse, die sichtbar ist im einmal erschienenen Gottmenschen.« (VdW 836 f.) Dagegen plädiert Jaspers für eine Welt, die ihr Ziel noch nicht erreicht hat, ja, die nicht zeigt, ob sie überhaupt ein Ziel hat.

Der »Gottmensch« ist für Jaspers in diesem Sinne das »*Beispiel erfülltester Katholizität*«. »Hätte der Eine Gott in der Welt sich offenbart in einer einzigen Gestalt, hätte er also an einer Stelle in Raum und Zeit und nur hier geradezu gesprochen, so wäre die Autorität dieser Offenbarung zugleich für alle gültig [...]. In der Offenbarung läge [...] die eine Wahrheit schlechthin.« (VdW 850 f.) Ein solcher Entwurf aber bedeutet für Jaspers einen Stein des Anstoßes für das Philosophieren.

Für Jaspers ist nun das entscheidende Problem: »Wie soll ich mich vergewissern, daß da wirklich diese eine, einmalige, ausschließende Offenbarung geschehen ist?« (VdW 852) Diese Frage aber ist als solche falsch gestellt. Denn wenn ich mich wirklich im Sinne zwingenden Wissens dessen vergewissern könnte, dann träte das ein, was Jaspers so heftig bekämpft. Dann handelte es sich wirklich um ein zwingendes, allgemeingültiges Wissen. Das aber ist der Glaube nicht. Und doch: Wahrheit für alle und Wahrheit für mich – das muß kein unvereinbarer Gegensatz sein, wie Jaspers meint. Denn die Wahrheit, die im Glauben begegnet, hat immer eine universale und auch individuelle Bedeutung.

»Für Philosophie ist der Gottmensch eine in die Irre führende Absurdität. Sie befreit nicht, sondern beengt.« (VdW 853) Nach Jaspers entscheidet die Wahl zwischen Katholizität und Vernunft über das Philosophieren selbst, nämlich darüber, ob es stattfinden soll oder nicht. Diese Folgerung kann und darf man nun aber doch nicht mitmachen. Denn auch im klassischen Modell des Verhältnisses von Wissen und Glauben wird der Philosophie ein Eigenbereich gewahrt. Und die Inkarnation wurde nie als Absurdität gedeutet, sondern als die Vernunft übersteigend.

Wenngleich Jaspers viel von Kierkegaard gelernt hat, kann er den letzten Sprung, den Sprung in den Glauben, nicht mitvollziehen. Auf der anderen Seite scheint er – um an ein Wort Horkheimers anzuknüpfen – so etwas wie eine »Sehnsucht nach dem ganz anderen« *der Religion* zu haben. Aber Religion steht immer in der Spannung zwischen dem sakramentalen und dem kritischen Element, wobei ich hier unter dem sakramentalen Element die Gegenwart des Göttlichen verstehe. Jaspers lehnt aber das sakramentale Element ab, damit verliert die Religion jedoch ihre Grundlage. Er scheint dies auch selbst zu realisieren, wenn er die Alternative aufstellt: Autorität bzw. Priester oder Wagnis auf eigene Gefahr bzw. Protestant, wobei hier »Protestant« nicht konfessionell gemeint ist. (Vgl. Ph I 312 f.) Die eine Möglichkeit weist er der Religion bzw. Theologie zu, die andere der Philosophie. Doch ist diese Zuordnung zu einfach, denn auch die Religion selbst steht immer in dieser Spannung zwischen sakramentaler Substanz auf der einen Seite und protestantischem Prinzip oder prophetischer Kritik auf der anderen.[10]

Aber wir können von Jaspers lernen, daß das kritische Element eine eminent wichtige Funktion hat. Denn die Überbetonung des sakramentalen Elementes kann leicht zur Dämonisierung der Religion führen; ein Endliches setzt sich dann an die Stelle des Unendlichen. Und Dämonisierung ist sicherlich nicht weniger gefährlich als Profanisierung. Ja, sie ist gefährlicher, weil sie dem Menschen wirklich das nimmt, vor dessen Verlust Jaspers solche Angst hat: die Freiheit.

Jaspers kann nicht anders als mit Kant denken: »Wäre Offenbarung Realität, so wäre sie das Unheil für die geschaffene Freiheit des Menschen.« (PGO 37 f.) Sicherlich, es ist ein Sprung nötig, der in den Offenbarungsglauben führt, darin hat Kierkegaard recht. Doch dieser Sprung ist nicht irrational, er steht nicht gegen Vernunft und Freiheit. Christliches Denken hat sich in seinen entscheidenden Gestalten immer wieder bemüht, Vernunft und Glauben zusammenzudenken. Die bekannte Formel des Thomas von Aquin lautet ja: Die Glaubensmysterien sind über der Vernunft, nicht gegen die Vernunft. Sie sind übervernünftig, nicht widervernünftig.[11]

Und die Freiheit? Diese geht nicht verloren, denn der Glaube besteht nicht im Annehmen von Satzwahrheiten. Ein solches Glaubensverständnis im Sinne eines Für-wahr-Haltens sollte endlich überholt sein. Glaube ist ein Akt der ganzen Person, in dem natürlich das Erkenntniselement nicht fehlen darf.

Und das Problem der Fixierung? Die Offenbarung zeigt ja Gott nicht in seinem An-Sich. Der Mensch kann Gott nicht erkennen, wie er in sich ist. Dafür ist der menschliche Verstand allzusehr in seiner Endlichkeit befangen.

Wenn Jaspers in dem eingangs genannten Zitat die Spannung zwischen Philosophie und Religion eine absolute nennt, so relativiert er diese Aussage selbst. Denn er spricht nicht nur von dem Kampf der Philosophie gegen die Religion, genauer: gegen eine bestimmte Religion, sondern er spricht auch vom Respekt der Philosophie vor der Religion. Es scheint in der Religion einen Kern zu geben, den Philosophie als *mögliche* Wahrheit zu respektieren hat. Jaspers sagt sogar noch deutlicher: »Es ist Wahrheit, wenn auch nicht für mich.« (Ph I 300) Er scheint also der Religion doch nicht jeden Wahrheitsanspruch absprechen zu wollen. In diesem Sinne sieht er nicht nur das Gegeneinander von Philosophie und Religion, sondern auch das Miteinander. »Die Bibel und die biblische Religion sind eine Grundlage unseres Philosophierens, eine ständige Orientierung und eine Quelle unersetzlicher Gehalte.« (Gl 75)

Jaspers ist somit zwar *gegen* den Absolutheitsanspruch, aber *für* die biblische Religion in dem Sinne, daß er die Bibel als »das Depositum eines Jahrtausends menschlicher Grenzerfahrungen« versteht: »In der Bibel sieht man den Menschen in den Grundweisen seines Scheiterns. Aber so, daß die Seinserfahrung und die Verwirklichung gerade im Scheitern offenbar werden.« (Gl 79)

Wenn Jaspers eine Wandlung des biblischen Glaubens fordert, so bedeutet das jedoch das Ende des Christentums. Denn das Christentum zeichnet sich dadurch aus, daß es daran festhält, daß Jesus der Christus ist. Jaspers will demgegenüber Jesus nur als »maßgebenden Menschen« gelten lassen – neben Sokrates, Buddha und Konfuzius. (Vgl. GP 186 ff.)

Und doch bedeutet die Ablehnung der konkreten Religion für Jaspers nicht die Anerkennung der Alternative: Offenbarungsglaube oder Nihilismus: »Die Kraft, das Sichgeschenktwerden, das Ethos, die Befreiung und die Freiheit, der Ernst des Unbedingten sind möglich, auch wenn das genommen wird, was der

Offenbarungsgläubige so entschieden bekennt und festhält.« (PGO 37) Entscheidend ist ihm: »Der philosophische Glaube ist eigener Ursprung.« (PGO 38) Jaspers sieht sich hier in der Tradition von Platon, Bruno, Spinoza, Kant, Lessing und Goethe. (Vgl. Ant 775) Zwar betrachtet sich das Philosophieren selbst redlicherweise als unfähig, den Sinn des Offenbarungsglaubens zu erreichen, aber es behauptet gegen diesen aus eigenem Ursprung seinen Weg des Gottsuchens. Philosophie ist weder gottlos, wie zuweilen orthodoxe Religiosität behauptet, noch ist sie »eine unredliche und ohnmächtige Verdünnung der Religion, aus deren Säkularisierung sie als sterbender Nachfahre entstanden« ist, wie die Gottlosen meinen. (VE 112)

Nun scheint Jaspers aber bei allem Kampf gegen die Objektivationen der Religion doch auch selbst sogenannte »philosophische« Glaubensgehalte zuzulassen. In seiner Schrift *Der philosophische Glaube* nennt er drei: 1. Gott ist; 2. es gibt die unbedingte Forderung; 3. die Welt hat ein verschwindendes Dasein zwischen Gott und Existenz. (Vgl. Gl 29 ff.) In der *Einführung in die Philosophie* nennt er noch zwei weitere: Der Mensch ist endlich und unvollendbar; und der Mensch kann in Führung durch Gott leben. (Vgl. Einf 66)

Jaspers scheint damit an »letzten Wahrheiten« festzuhalten, hinter die er nicht zurückgehen möchte. Dieselbe Beobachtung werden wir noch einmal machen, wenn wir das »philosophische Grundwissen« behandeln.

Aber was unterscheidet den »philosophischen Glauben« letztlich vom religiösen? Philosophischer Glaube kennt kein Gebet und keinen Kultus, er kennt auch keine Gemeinschaft. Vielmehr verbindet er Menschen als einzelne. »Glaubensgehalt nimmt zwar in seiner Objektivität die Gestalt eines Gewußten an«, schreibt Jaspers, »aber statt gültig zu sein für jedermann, besteht er nur durch Einsatz des eigenen Seins. Die Gewißheit des Glaubens wagt es, daraufhin zu leben, daß das Wesentliche nicht bewiesen werden kann, sondern seine nie objektiv gültige Bestätigung allein in der Erfahrung des Sichbewährens des Glaubenden finden darf.« (Ph I 303)

Jaspers versteht Philosophie als einen Glauben aus eigenem Ursprung. In diesem Sinne ist Philosophie in ihrem innersten Kern immer auch schon philosophischer Glaube. Philosophischer Glaube – und darauf kommt es Jaspers wesentlich an – ist aber keine säkularisierte Religion. Als »philosophisch« Glaubender hat der Mensch einen eigenen, genuinen Bezug zur Transzendenz, der zwar wesensverschieden ist vom religiösen Glauben, der aber ebenso ursprünglich ist wie dieser.

In einem weiteren Sinne ist also Jaspers' ganze Philosophie als philosophischer Glaube zu verstehen. In einem engeren Sinne dagegen ist philosophischer Glaube das, was das Leben trägt, das, was ich als unbedingt ergreife. Und so verstanden, hat Philosophie eine propädeutische Funktion, sie ist Vorbereitung hierauf, sie ist Hinführung, Klarwerden, Raumschaffen.

Vielleicht drückt sich der philosophische Glaube nirgends prägnanter aus als in dem folgenden mittelalterlichen Spruch, mit dem Jaspers seine letzte Vorlesung *Chiffren der Transzendenz* vom Sommersemester 1961 beginnen und enden läßt: »Ich komme, ich weiß nicht woher,/ Ich bin, ich weiß nicht wer,/ Ich sterb', ich weiß nicht wann,/ Ich geh', ich weiß nicht wohin,/ Mich wundert's, daß ich fröhlich bin.« (Ch 12 u. 108) Und er bemerkt dazu in seiner Schrift *Der philosophische Glaube angesichts der Offenbarung*: »Der Spruch ist nicht ›christlich‹. Denn der Offenbarungsglaube gibt auf alles eine Antwort. Er lebt aus den herrlichen Verheißungen und würde vielleicht seine Antwort schließen: mich wundert's, daß ich traurig bin.« (PGO 29)

4. Der Ursprung der Philosophie: Die Grenzsituationen

Philosophie hat ihren *Anfang* vor etwa zweieinhalb Jahrtausenden. Mythisches und religiöses Denken gab es schon vor dieser Zeit. Aber »Anfang« ist etwas anderes als »Ursprung«. Während der Anfang historisch ist, bedeutet Ursprung »die Quelle, aus der der Antrieb zum Philosophieren kommt« (Einf 16).

Die Ursprünge der Philosophie sind vielfacher Art, sie sind nicht immer dieselben. Für Platon und Aristoteles war das Staunen der Ursprung der Philosophie. Die neuzeitliche Philosophie setzt mit dem methodischen Zweifel des Descartes an; es ist dies auch eine Erfahrung, die Philosophie gebiert. Der Philosophie des 20. Jahrhunderts liegt eine andere Erfahrung zugrunde: die Erschütterung des Menschen und das Bewußtsein seiner Verlorenheit.

Für uns Heutige sind nach Jaspers weder die Verwunderung noch der Zweifel Ursprünge des Philosophierens. Die Verwunderung führte Jaspers zufolge zu einer Seinsmetaphysik, der Zweifel zu zwingender Gewißheit. Seinsmetaphysik ist aber seit Descartes, spätestens seit Kant nicht mehr möglich; zwingende Gewißheit nur noch Sache der Weltorientierung. Demgegenüber resultiert aus der Erschütterung des Menschen und dem Bewußtsein seiner Verlorenheit heute die Frage nach sich selbst. Ist es für Heidegger die Grundstimmung der Angst, aus der die Grundfrage der Metaphysik erwächst, so sind es für Jaspers die Grenzsituationen, die uns aus unserer Unerschüttertheit herausreißen und in uns die Frage der Philosophie erwecken.

Was meint der Begriff der Grenzsituation, und was unterscheidet diese von der bloßen Situation? Jaspers bestimmt den Begriff der Situation folgendermaßen: »Situation heißt eine nicht nur naturgesetzliche, vielmehr eine *sinnbezogene Wirklichkeit*, die weder psychisch noch physisch, sondern beides zugleich als die konkrete Wirklichkeit ist, die für mein Dasein Vorteil oder Schaden, Chance oder Schranke bedeutet.« (Ph II 202) Derlei Situationen können Gegenstand verschiedener Wissenschaften sein. So untersucht etwa die Biologie die Umwelt der Tiere, die Soziologie die soziale Umwelt.

Als Dasein befinde ich mich stets in Situationen: In ihnen handle ich, in ihnen lasse ich mich treiben. Situationen aber sind keine unwandelbaren, starren Schemata. Vielmehr bestehen sie, indem sie sich wandeln. Es gibt Situationen, die ich als Gegebenheit erleiden muß, aber ich muß dies nicht schlechthin. Ich kann mich ihnen entziehen. Ich kann aber auch berechnend bestimmte Situationen herbeiführen.

Dasein ist in diesem Sinne ein Sein in Situationen. Ich vermag zwar aus einer bestimmten Situation herauszutreten, aber nur in der Weise, daß ich in eine andere eintrete. Das »In-Situation-Sein überhaupt« kann ich nicht aufheben. (Vgl. Ph II 203)

Nun gibt es aber auch Situationen, die sich nicht wandeln: daß ich nicht ohne Kampf und ohne Leiden leben kann, daß ich unvermeidlich Schuld auf mich lade, daß ich sterben muß. Solche Situationen nennt Jaspers »Grenzsituationen«. Diese wandeln sich als solche nicht, sie verändern sich nur in ihrer Erscheinung. Auf unser Dasein bezogen sind Grenzsituationen endgültig. »Sie sind *nicht überschaubar*«, schreibt Jaspers, »in unserem Dasein sehen wir hinter ihnen nichts anderes mehr. Sie sind wie eine Wand, an die wir stoßen, an der wir scheitern. Sie sind durch uns nicht zu verändern, sondern nur zur Klarheit zu bringen [...]. Sie sind mit dem Dasein selbst.« (Ph II 203)

Wir haben nicht die Möglichkeit, den Grenzsituationen auszuweichen. Was wir tun können, ist, unsere Augen vor ihnen zu verschließen. Wir können aber auch offenen Auges in sie eintreten. Dann werden wir »wir selbst«, wie Jaspers sagt. (Ph II 204)

Das bewußte Eintreten in die Grenzsituationen ist es, das Philosophie in Gang bringt. Und dieses Philosophieren ereignet sich in drei Sprüngen. In einem *ersten Sprung* erfahre ich in den Grenzsituationen, daß ich mehr bin als Dasein, erfahre ich mich als Existenz. In diesem Sinne ist für Jaspers das Erfahren der Grenzsituationen identisch mit dem Existieren. In einem *zweiten Sprung* geschieht die Erhellung. Das Dasein macht sich die Grenzsituationen als Möglichkeiten philosophierend deutlich. Jedoch ist die denkende Erhellung der Grenzsituationen selbst noch keine existentielle Verwirklichung. »Wenn wir die Grenzsituationen erörtern, so tun wir es nicht als Existenz [...], sondern als mögliche Existenz, nur in Sprungbereitschaft, nicht im Sprunge.« (Ph II 206) Denn die erhellende Betrachtung ist selbst nur Möglichkeit, nicht Wirklichkeit. Wissen und Sein sind zu unterscheiden. Zwar kann man die Grenzsituationen objektiv erfassen wie andere Situationen. Aber zu eigentlichen Grenzsituationen werden sie erst »durch einen *einzigartigen umsetzenden Vollzug im eigenen Dasein*, durch welchen Existenz sich ihrer gewiß und in ihrer Erscheinung geprägt wird« (Ph II 206). Indem ich als Existenz in der Grenzsituation selbst stehe, ereignet sich der *dritte und eigentliche Sprung*, in dem mögliche Existenz zur wirklichen wird.

Jaspers erörtert in seiner *Philosophie* die Grenzsituationen von Tod und Leiden, Kampf und Schuld; in anderen Schriften nennt er zuweilen als eine weitere den Zufall. Ich will mich hier auf die Grenzsituationen von Tod und Leiden beschränken, diejenigen von Kampf und Schuld werde ich im elften Kapitel erörtern.

»Der Tod als objektives Faktum des Daseins ist noch nicht

Grenzsituation«, schreibt Jaspers. »Für das Tier, das nichts vom Tode weiß, ist sie nicht möglich. Der Mensch, der weiß, daß er sterben wird, hat dieses Wissen als Erwartung für einen unbestimmten Zeitpunkt; aber solange der Tod für ihn keine andere Rolle spielt als nur durch die Sorge, ihn zu meiden, solange ist auch für den Menschen der Tod nicht Grenzsituation.« (Ph II 220) Zwar leide ich am Tod geliebter Menschen, aber schnell vergesse ich wieder die Unausweichlichkeit meines eigenen Todes.

Als Grenzsituation ist der Tod nicht etwas Allgemeines. Nur als objektives Faktum ist er allgemein. In der Grenzsituation wird der Tod demgegenüber geschichtlich: entweder als der Tod des Nächsten oder als mein Tod. »Er wird nicht durch eine allgemeine Einsicht überwunden, durch keinen objektiven Trost, der meine Vergeßlichkeit durch scheinbare Gründe schützt, sondern nur in der Offenbarkeit eines sich gewiß werdenden Existierens.« (Ph II 221)

Der Tod des Nächsten stellt einen tiefen Schnitt dar. Ich muß mein Leben angesichts des Todes führen und prüfen. Die Gegenwart der Grenzsituation des Todes muß für mich bedeuten: »Was *angesichts des Todes wesentlich* bleibt, ist existierend getan; was *hinfällig* wird, ist bloß Dasein.« (Ph II 223) Angesichts des Todes erfahre ich, was wichtig ist – und was bloßer Schein des Augenblicks ist. In diesem Sinne fordert Jaspers, den Tod in die Existenz aufzunehmen »als Bewährung ihrer selbst und als Relativierung bloßen Daseins« (Ph II 223).

Der Tod als Bewährung des Gehaltes der Existenz! Diese Bewährung ist er nicht mehr, wenn die Existenz eine eindeutig gradlinige Haltung zu ihm gewinnt. Neben der Möglichkeit, dem Tod als Grenzsituation durch »Vergeßlichkeit« auszuweichen – mein Tod ist zeitlich unbestimmt, und das läßt mich die Situation ertragen –, gibt es zwei grundsätzliche Möglichkeiten des Ausweichens: die »harte Ataraxie« und die »Weltverneinung«. Die

Ataraxie entzieht sich der Grenzsituation »durch die Starre eines nicht mehr betroffenen punktuellen Selbstseins«; die Weltverneinung tröstet sich mit den Phantasien eines jenseitigen Lebens. (Ph II 223 f.) In beiden Haltungen wird der Sinn des Todes als Grenze umgeformt: So kann ich mir etwa einreden, »die Angst vor dem Tode beruhe auf einem bloßen Irrtum, der durch richtiges Denken aufgehoben werden könne. Sie beruhe auf Vorstellungen von einem qualvollen Sein nach dem Tode, das es nicht gebe, oder auf der Angst vor dem Vorgang des Todes, der als solcher ganz unmerklich sei, da ja aller Schmerz dem Lebenden zukomme, und es keinen Schmerz gebe, aus dem nicht Rückkehr zum Leben möglich gewesen sei. Es komme darauf an, sich klarzumachen: wenn ich bin, ist mein Tod nicht, und wenn mein Tod ist, bin ich nicht; darum geht mein Tod mich gar nichts an.« (Ph II 224) Wenn auch jeder dieser Gedanken richtig ist, so vermag doch keiner das Schaudern vor dem Gedanken des Nichtseins aufzuheben. Diese Gedanken »scheinen zwar dem Tode ins Auge zu blicken, bewirken aber nur eine um so tiefere Vergeßlichkeit im Wesentlichen«. Denn es wird nach Jaspers hier beiseite geschoben, »daß ich noch zu Ende zu bringen habe, daß ich nicht fertig bin« (Ph II 224).

Ich kann der Grenzsituation des Todes auch ausweichen »in der Vorstellung der *sinnlichen, zeitlichen Unsterblichkeit*«, nach der ich eine andere Daseinsform erlange, »in der ich fortführe, was begonnen war«. Hierhin gehören Jaspers zufolge auch die Bemühungen um Beweise für die Unsterblichkeit. Aber alle diese Beweise sind »fehlerhaft und hoffnungslos«, ja »sinnwidrig« (Ph II 224).

Jaspers hingegen fordert dem Tod gegenüber die Haltung der Tapferkeit: »wahrhaft zu sterben ohne Selbsttäuschungen« (Ph II 225). Weder aus der Ataraxie noch aus der Weltverneinung heraus vermag mir laut Jaspers die Gewißheit der wahren Existenz zuteil zu werden, »die in der Zeit erscheint, aber nicht zeitlich ist« (Ph II 226). Diese kann mir nur aus der Angst »im Schaudern *vor dem Nichtsein*« erwachsen. (Ph II 225) Aber es handelt sich hierbei nicht um die Angst vor dem vitalen Nichtdasein, sondern um die Angst *existentiellen Nichtseins*, die ganz anderer Qualität ist.

Demgegenüber gilt es, zur existentiellen Seinsgewißheit zu gelangen, die die Lebensgier beherrschen und zur Gelassenheit führen kann. Die Lebensgier darf nicht die existentielle Angst relativieren, denn dann würde Existenz vernichtet, vielmehr muß umgekehrt die existentielle Seinsgewißheit die Lebensgier relativieren. Dann wird die Tapferkeit erreicht, von der Jaspers spricht. Aber diese Tapferkeit ist nicht von stabiler Dauer. Der Gipfel ist nicht der Alltag. Zurück kehrten darum immer wieder die Todesangst und die Lebenslust. Aber auch die *Seinsgewißheit* kehrt zurück; sie gilt es immer wieder neu zu erwerben. Eine wichtige Rolle spielt hierbei die Erinnerung, nämlich die Erinnerung daran, daß ich einmal auf dem Gipfel stand, und diese Erinnerung kann mir einen Ruck geben, um die Tapferkeit neu wiederzugewinnen. (Vgl. Ph II 226 f.)

Ebenso unausweichlich wie der Tod ist auch das Leiden. Leiden begegnet uns immer und überall. »Verhalte ich mich, als ob Leiden nichts Endgültiges, sondern vermeidbar wäre, so stehe ich noch nicht in der Grenzsituation, sondern fasse die Leiden als zwar endlos an Zahl, aber nicht als notwendig zum Dasein gehörend auf.« (Ph II 230) Darum ist es nur konsequent, daß ich das Leiden bekämpfe; und ich bekämpfe es als etwas, das aufhebbar ist. »Der Erfolg ist zwar immer begrenzt. Trotzdem wird aber das Leiden als nicht notwendig zum Dasein als solchem gehörig in einer Utopie fortgedacht: Wenn nur Biologie und Medizin erst ihren Gipfel und die politische Kunst vollendete Gerechtigkeit erreicht haben, werden sie alle Schmerzen und Krankheit und alle beengende Abhängigkeit zu vermeiden lehren.« (Ph II 230) Ist unsere heutige Gesellschaft nicht auf dem Wege dorthin? Ist nicht die Gesundheit der einzige, noch allgemein anerkannte höchste Wert?

Doch solche Gedanken können nicht befreien. Denn das Dasein, das die Notwendigkeit des Leidens ignoriert, muß Wege der Täuschung suchen. Damit aber weiche ich dem Leiden aus.

Ausweichen kann ich dem Leiden nach Jaspers sowohl in aktiver wie auch in passiver Resignation. In aktiver Resignation bekämpfe ich mein Leiden nach Kräften. In passiver Resignation beschränke ich mich auf den Daseinsgenuß. »Wenn auch alles eitel und zuletzt Leiden ist, so kann man doch essen und trinken und Freuden haben auf Erden, solange es währt.« (Ph II 232) Hier wird auf einen letzten Sinn verzichtet.

Erst in der Grenzsituation nehme ich das Leiden als unabwendbar an. »Jetzt ergreife ich mein Leben als das mir gewordene Teil, klage, leide wahrhaftig, verstecke es nicht vor mir selber, lebe in der Spannung des Jasagenwollens und des nie endgültig Jasagenkönnens, kämpfe gegen das Leiden, es einzuschränken, es aufzuschieben, aber habe es als ein mir fremdes doch als zu mir gehörig, und gewinne weder die Ruhe der Harmonie im passiven Dulden noch verfalle ich der Wut im dunklen Nichtverstehen. Jeder hat zu tragen und zu erfüllen, was ihn trifft. Niemand kann es ihm abnehmen.« (Ph II 231) In diesem Sinne erweckt das Leiden – wie auch der Tod – mögliche Existenz, und damit Philosophieren. Das reine Glück würde mögliche Existenz im Schlummer belassen.

In den aufgezeigten Grenzsituationen erweist sich das Dasein überall als in sich brüchig. Es hat »antinomische Struktur«, wie Jaspers es ausdrückt. »Wir selbst und die Welt sind antinomisch gespalten.« (PsW 231)

Es gibt verschiedene Gegensätze: den logischen (bejahendes und verneinendes Urteil), den realen (Leben und Tod), den Wertgegensatz (nützlich und schädlich). Der logische Gegensatz ist durch den Widerspruch gekennzeichnet. Der reale Gegensatz kann verschiedene Formen annehmen: So kann er eine bloße Verschiedenheit bedeuten (blau und grün), eine Polarität meinen (dunkel und hell) oder auch einen Widerstreit entgegenstehender Kräfte (z. B. sich bekämpfende Triebe). Nicht alle diese Gegensätze sind Antinomien. Logische Gegensätze sind Antinomien, wenn sie unlösbar sind, wenn sie an der Grenze des Erkennens und Denkens stehen. Als auflösbare wären sie Scheinantinomien oder Irrtümer. »Reale Gegensätze sind Antinomien, wenn sie als etwas Letztes aufgefaßt werden, das vom Standpunkt des Wertens aus als wesentlich und fragwürdig erscheint, und wenn die Existenz als im Letzten in Gegensätze entzweit erfaßt wird, so daß alles einzelne Dasein *nur dann* besteht, wenn diese gegensätzlichen Kräfte oder Erscheinungen sich zusammenfinden.« (PsW 232)

Die Grenzsituationen von Tod und Leid, auch diejenigen von Kampf und Schuld zeigen solche einzelnen Antinomien. So bedeutet der Tod den Widerspruch zum Leben usw. In diesen Grenzsituationen »sieht man das Wertvolle gebunden an Bedingungen, die selbst wertnegativ sind. Überall ist etwas in Kauf zu nehmen, was nicht gewollt ist. Die Gegensätze gehören so zueinander, daß ich die eine Seite, welche ich bekämpfe und aufheben möchte, nicht loswerden kann, ohne die ganze Polarität und also auch das, was ich als Wirklichkeit will, zu verlieren.« (Ph II 250)

Es gibt hier kein klares Entweder-Oder. Die Lösung im Sinne eines klaren Entweder-Oder wäre die *Utopie.* »*Utopien* haben das Gemeinsame, daß sie die antinomische Struktur des Daseins ignorieren.« (PsW 242) Die Utopie ist darum immer nur »eine momentane Lösung im Schein«, oder sie ist Glaube, nämlich ein vermeintliches »Wissen von dem, wie es recht und richtig wäre, wenn die Menschen nur wollten, und wenn nur noch einige Zeit vergangen wäre«. Zwar kann dieser Glaube an Utopien die Aktivität aufs höchste erregen, aber eine solche Aktivität ist unlebendig, weil sie gradlinig ist. Jaspers sagt dazu: »Der utopiengläubige Mensch ist selbst ein toter, wenn auch betriebsamer Mensch; und wo er wirkt, zerstört er, da alles Lebendige nicht in die Utopie paßt.« (PsW 242 f.)

Diese Unstimmigkeiten und Brüchigkeiten menschlichen Lebens weisen über sich hinaus auf ein anderes. Die Antinomien der Wirklichkeit sind »die Grenze des Erkennens, das durch sie in Bewegung gesetzt wird« (PsW 236). Sie reißen den Menschen aus der unbefragten Selbstverständlichkeit heraus und erschüttern die Ruhe eines positivistisch geschlossenen Weltbildes. Sie erwekken zu eigentlichem Menschsein. Und Philosophie ist in diesem Sinne nichts anderes als dieses Erwachen zum Menschsein.

5. Die Methode der Philosophie: Das Transzendieren

Wissenschaft, so haben wir im zweiten Kapitel gesehen, ist nach Jaspers immer an Gegenständlichkeit gebunden. Demgegenüber richtet sich Philosophie nicht auf Gegenstände, sondern auf einen Bereich »eigentlichen« Seins, der jenseits aller Gegenständlichkeit liegt. Dem ungegenständlichen Charakter eigentlichen Seins entsprechen die Methoden der Philosophie: Sie sind Methoden des Transzendierens über alle Gegenständlichkeit.

Was ist unter diesem Transzendieren zu verstehen? Transzendieren meint ursprünglich soviel wie »hinübersteigen« oder »überschreiten«. Das, was hier überschritten werden soll, ist die Subjekt-Objekt-Spaltung, die allem Denken zugrunde liegt. Denn das »eigentliche« Sein unterliegt diesem Schema nicht. So wird mit Hilfe des Denkens etwas versucht, was dieses seinem Wesen nach nicht leisten kann. Und doch will Philosophie sich immer auch mitteilen. Jaspers greift darum auf eine besondere Form der Mitteilung zurück, die er so schon bei Sokrates vorgebildet sieht: die Form indirekter Mitteilung.

Transzendenz gibt es in verschiedenem Sinne. Zumeist ist hiermit die erkenntnistheoretische Transzendenz gemeint, also die Unabhängigkeit der Erkenntnisgegenstände vom Bewußtsein. Der Gegenstand übersteigt den Erkenntnisakt, steht ihm als etwas Selbständiges, nicht erst vom Akt Gesetztes gegenüber. Das gilt auch für das bloß Gemeinte im Sinne mathematischer Gegenstände. Natürlich übersteigt erst recht die Außenwelt das Bewußtsein. Das eine hat man *logische*, das andere *reale Transzendenz* genannt. (Vgl. Ph I 37) Doch treffen beide Arten der erkenntnistheoretischen Transzendenz nicht das, was Jaspers intendiert. Er will ihnen darum auch nicht den Namen Transzendenz lassen, nennt sie deshalb lieber *transsubjektiv*. In jedem Denkakt transzendiere ich in diesem Sinne, wenn ich als Subjekt auf etwas Transsubjektives gerichtet bin. »Eigentliches Transzendieren heißt jedoch: Hinausgehen über das Gegenständliche ins Ungegenständliche.« (Ph I 38)

Transzendieren ist eine spezifisch menschliche Möglichkeit, es ist letztlich ein Akt der Freiheit: Ich kann transzendieren, ich kann es aber auch unterlassen. Bloßes Dasein ist ohne Transzendenz. Aber auch der Mensch, der durch seine Freiheit über das bloße Dasein hinausreicht, muß nicht transzendieren: Ich kann leben, als ob kein Tod wäre; ich kann mich mit der Welt der Gegenstände zufriedengeben. »Daß die Welt in sich keinen Halt hat, sondern als solche im beständigen Ruin ist, kann in der Tat nur *gezeigt*, nicht bewiesen werden [...]. Transzendieren entspringt in der ohne es unaufhebbaren Unruhe über das Vergehen allen Daseins.« (Ph I 40)

Philosophie ist dieses Transzendieren. Wo es fehlt, da liegt entweder immanente und partikulare Gegenstandserkenntnis durch die Wissenschaften oder intellektuelle Spielerei vor. Philosophie will aber immer auch sprachlich werden. Das aussagende Philosophieren jedoch kann das Transzendieren nie adäquat zur Mitteilung bringen. Es ist immer mißverständlich. Denn der Ausdruck der Mitteilung ist unvermeidlich in jedem Augenblick gegenständlich. Die Form indirekter Mitteilung ist der Versuch, dies zum Ausdruck zu bringen.

Die Subjekt-Objekt-Spaltung ist für uns das Medium, in dem notwendig erscheint, was für uns Sein hat. »Wir können nicht außerhalb der Beziehung von Subjekt und Objekt treten.« (Ph I 40) Aber das »eigentliche« Sein liegt jenseits dieser Spaltung, kann also nie Objekt für uns werden. Transzendieren meint also den Versuch, dieses »eigentliche« Sein in einer Denkbewegung zwar nicht in Besitz zu nehmen, aber zu »berühren«. In Besitz nehmen kann ich nur »Objektives«, nur das, was Objekt werden kann. »Eigentliches« Sein aber kann nicht Objekt werden. Ein Transzendieren, das angeblich zu einem »jenseitigen Gegenstand« kommt, den es dann »hat«, wäre ein »falsches Transzendieren« (Ph I 41).

Philosophie ist – im Unterschied zu Wissenschaft – ein Denken ohne spezifischen Gegenstand. Und doch ist ein Denken nicht ohne Gegenstand vollziehbar. Darum hat Philosophie als ihr Material alles, was als bloße Objektivität in der Weltorientierung der Wissenschaften vorkommt. (Vgl. Ph I 44)

Wissenschaftliche Erkenntnis, so haben wir gesehen, zeichnet sich durch Gegenständlichkeit aus. Philosophie hat demgegenüber keinen Gegenstand der Forschung. »Was bestimmter Gegenstand ist, ist auch Gegenstand einer besonderen Wissenschaft. Nenne ich etwa als Gegenstand der Philosophie das Ganze, die Welt, das Sein, so treffen diese Worte, wie die philosophische Kritik zeigt, keinen Gegenstand mehr. Die philosophischen Methoden sind Methoden des Transzendierens über das Gegenständliche. Philosophieren ist Transzendieren. Dies vollzieht sich jedoch, da unser Denken stets an Gegenstände gebunden ist, in solchen, die durch den Gang der Denkbewegung aufgehoben werden.« (RA 253 f.) Philosophie ist also ein gegenstandsloses, aber an Gegenstände gebundenes Erkennen.

Wissenschaftliche Erkenntnis, so wurde deutlich, ist aber nicht nur durch Gegenständlichkeit gekennzeichnet, sondern auch durch Allgemeingültigkeit. Nun spricht sich philosophisches Erkennen auch notwendig stets in allgemeinen Formen und »Lehren« aus. Doch ein Allgemeines, das als solches selbst gemeint ist, ist nach Jaspers stets schon ein Element der Weltorientierung, also der Wissenschaft. »Das Allgemeine des philosophischen Ausdrucks ist nicht verstanden, wenn es als Allgemeines verstanden wird. Es wird je existentiell und geschichtlich vom Einzelnen angeeignet und übersetzt, nichts zweimal identisch vollzogen.« (NPL 359)

Zwar ist das Transzendieren »ein einziges«, aber man kann doch zwischen drei Modifikationen unterscheiden: »Ich komme in der Weltorientierung durch ein zwingendes Transzendieren zum Bewußtsein der Erscheinungshaftigkeit des Daseins [...]. Auf diesem Grunde mache ich mir in der Existenzerhellung transzendierend bewußt, was ich selbst eigentlich bin und sein kann [...]. Aus beiden Voraussetzungen wird in der Metaphysik das Transzendieren zur Transzendenz deutlich. Ich vollziehe die Gedankenwege, mit denen das Sein selbst mir gegenwärtig wird.« (RA 427)

Das Transzendieren in der Weltorientierung, das an die Grenze führt, kann man mit Ernst Mayer als »negatives Transzendieren« bezeichnen.[12] »Wo auch immer in den gegenständlich erkennenden Methoden ein Standpunkt eingenommen, eine Sache begriffen, ein Ganzes überblickt wird, es läßt sich der Weg beschreiten, der die Grenze sucht, auf dem der Standpunkt nicht gehalten werden kann, der gegenständliche Sinn aufhört. Es ist zu zeigen, was auf dem bestehenden Standpunkt unbegreiflich ist; es ist zu zeigen, daß der Standpunkt mit dem, was aus ihm gesehen wird, sich selbst nicht begreifen kann. Es ist in der Weltorientierung an die Grenzen des Wißbaren zu führen.« (NPL 368) Es werden hier nur »negativ Grenzen gedacht«; es findet noch kein »positives Transzendieren« statt (Ph I 277).

Ich gerate an die Grenzen der Wissenschaften. »Jedoch veranlassen die Grenzen, an die ich nur stoße, als solche noch kein Transzendieren. Sie rütteln an meinem Dasein, machen mich betroffen, hinterlassen aber nichts für mein Bewußtsein. Es kommt darauf an, die Grenzen zu unterscheiden. Grenzen können als *jeweilige* sein und sind dann überschreitbar; sie sind der Reiz für den Forscher, aber sie geben keinen philosophischen Anstoß. Oder Grenzen sind *prinzipielle*; an ihnen hört die Forschung auf, aber es öffnet sich die Möglichkeit philosophischen Transzendierens.« (Ph I 45)

Mit dem Transzendieren in der Existenzerhellung überschreite ich denkerisch das wissenschaftlich erforschbare empirische Ich hin auf Existenz. Existenz ist kein Gegenstand. Existenz erscheint zwar *in* Gegenständen, sie ist aber mit diesen nicht identisch. Philosophie kann versuchen, die Existenz zu erhellen, d. h. zu Bewußtsein zu bringen. Das kann aber immer nur im Gegenständlichen geschehen. Philosophische Mitteilung muß darum notwendig indirekt erfolgen.

Die Worte, die Existenz indirekt umschreiben, sind darum keine Begriffe, sondern »Signa«, denn sie treffen kein gegenständliches Sein. (Vgl. Ph I 47) Was Philosophie in diesen Gedanken intendiert, wird nicht getroffen durch ein »Bewußtsein überhaupt«. Für das »Bewußtsein überhaupt« bleiben sie unverständlich; und doch müssen sie sich im Medium des »Bewußtseins überhaupt« ausdrücken. Existenzerhellung wendet sich jedoch nicht an ein »Bewußtsein überhaupt«, sondern an mögliche Existenz. Nur von ihr kann sie verstanden werden.

Das letzte Transzendieren richtet sich auf Transzendenz. Dieses Transzendieren ist nur der Existenz möglich. »Die Gegenständlichkeit, in welcher Transzendenz erscheint, ist nur für Existenz transparent und zugleich als Gegenständlichkeit verschwindend; sie ist nicht für ein theoretisches Bewußtsein überhaupt, für das diese Gegenstände opak und nichts als Gegenstände sind.« (Ph I 49) Während Dasein Gegenstand und mögliche Existenz bewußtseinsgegenwärtig werden kann, ist Transzendenz absolut transzendent.

Schon in seiner *Psychologie der Weltanschauungen* spricht Jaspers das Problem der indirekten Mitteilung an, wenn er hier die »Propheten der indirekten Mitteilung« als eine dritte Gruppe prophetischer Lehrer aufführt – neben den »Lehrern bestimmter Prinzipien« und den »Lehrern der Totalität des Lebens«. (Vgl. PsW 376-379)

Während die »Prinzipienlehrer« versuchen, Regeln der Lebensführung und des Handelns aus Grundsätzen zu entwikkeln (Epikureer und Stoiker), und die »Totalitätslehrer« allem seinen Ort zuweisen und so ein »Gehäuse« rationaler Bildung aufbauen (Aristoteles, Thomas, Hegel), lehnen es die »Propheten indirekter Mitteilung« ab, Propheten zu sein. Sie wollen nur reizen, aufmerksam machen, in Unruhe versetzen. Aber sie haben nicht die Absicht, Vorschriften zu entwickeln; sie wollen nicht lehren, wie zu leben ist. Es ist nicht ihr Ziel, etwas »Positives« zu geben. Während die Prinzipienlehrer Gefolgschaft und Gehorsam gegenüber der eingesehenen und formuliert vorhandenen Wahrheit verlangen und die Totalitätslehrer sich nicht an den einzelnen wenden, sondern das Gehäuse für alle geben, drängen sich die »Philosophen indirekter Mitteilung« innerlich als einzelne zum einzelnen. (Vgl. PsW 376 f.)

Sie »appellieren an das Leben, das im Anderen ist, dem sie [...] zum Wachstum helfen, das sie aber nicht als imperative Lehre selbst geben wollen. Sie stoßen zurück, wenn man anbetend in Gefolgschaft treten will, sie lieben die Freiheit im Anderen.« (PsW 377) In Sokrates, Kant, Kierkegaard und Nietzsche sieht Jaspers solche Philosophen indirekter Mitteilung. (Vgl. VE 14)

Aussagende Philosophie darf immer nur appellativen Charakter haben, d. h., sie muß das Feste aufheben. Sie muß an mögliche Existenz appellieren (ansprechen) und Transzendenz beschwören (anrufen). Sie muß also die Forderung zur Umsetzung artikulieren.

Solange der Geist in lebendiger Bewegung bleibt, gehört die indirekte Mitteilung als das hinter allem Rationalen Stehende zu seinem Leben. Anhand von Sokrates' »Hebammenkunst«, der sogenannten Maieutik, läßt sich diese indirekte Mitteilung genauer charakterisieren. Sokrates möchte in seiner Gesprächsführung den Dialogpartner nicht belehren, sondern er versucht durch klug gelenktes Fragen dem anderen zu helfen, die Lösung selbst zu finden.[13]

Indirekte Mitteilung meint also nicht, etwas bewußt zu verschweigen. Der indirekt Mitteilende bedient sich nicht einer Maske, hinter der er sein Wissen verbirgt; das wäre Betrug und reine Technik des Überlegenen. Gemeint ist vielmehr, »daß bei stärkstem Klarheitsdrange und allem Suchen nach Formen und Formeln kein Ausdruck zureichend ist und der Mensch sich dessen bewußt wird«. Indirekte Mitteilung heißt die Einstellung, daß alles Mitgeteilte, das direkt da und damit sagbar ist, letzthin das Unwesentliche ist; zugleich ist es aber indirekt Träger des Wesentlichen. »Keine Lehre ist Leben und keine Mitteilung einer Lehre eine Übertragung von Leben.« (PsW 378) Für indirekte Mitteilung ist das Direkte stets nur Medium, in dem immer noch anderes erfahrbar wird, ja nur so überhaupt erfahrbar werden kann.

Die Existenz ist absolut individuell. Darum kann keine Lehre das Wesentliche sein, sie ist immer etwas Allgemeines. Für mich als Existenz gibt es nach Jaspers deshalb nicht die Möglichkeit, daß mir im Wesentlichen von anderen geraten werde, daß ich nach einem objektiven, allgemeinen Prinzip existieren könne. Philosophen indirekter Mitteilung sträuben sich dementsprechend gegen ein »Meister- und Aposteltum«. Denn hier erstarrt der Geist zu Formen, ist er nicht mehr bewegter Geist. Der Philosoph indirekter Mitteilung »stößt den Menschen, der sich unterordnend hingeben will, zurück, statt ihn an sich zu ziehen. Er stellt jede Form in Frage, statt einer Schar von Anbetern die Schlagworte zu geben.« (PsW 379) Hält man sich vor Augen, wie Jaspers sein eigenes Denken sieht, so wird deutlich, daß er sich selbst dieser Tradition der Propheten indirekter Mitteilung zugehörig fühlt.

Jaspers vergleicht dieses Denken mit dem Erklimmen einer Leiter, die nach Benutzung preiszugeben ist. (Vgl. VdW 28) Diese Form der indirekten Mitteilung ist in der Philosophie nicht neu. Salamun[14] verweist in diesem Zusammenhang mit Recht auf Martin Buber und Ludwig Wittgenstein. So beteuert Buber, er vermittle keine Lehre, sondern er weise nur indirekt auf Wirklichkeiten hin. Und Wittgenstein läßt seinen *Tractatus* mit den bekannten Worten enden: »Meine Sätze erläutern dadurch, daß sie der, welcher mich versteht, am Ende als unsinnig erkennt, wenn er durch sie – auf ihnen – über sie hinaufgestiegen ist. (Er muß sozusagen die Leiter wegwerfen, nachdem er auf ihr hinaufgestiegen ist.) Er muß diese Sätze überwinden, dann sieht er die Welt richtig.«[15] Aber auch schon Fichte hat dies in bezug auf seine Wissenschaftslehre von 1804 ähnlich zum Ausdruck gebracht: »Auch sie ist nur der Weg, und hat nur den Werth des Weges, keineswegs einen Werth an sich. Wer hinaufgekommen ist, der kümmert sich nicht weiter um die Leiter.«[16]

Transzendieren ist also bei Jaspers nicht das Ergebnis irgendwelcher meditativer Gedankenvollzüge, vielmehr handelt es sich hier allein um ein Denken, das sich auf Ungegenständliches richtet. In diesem Denken muß ich zwar zwangsläufig scheitern, aber dieses Denken bewirkt – gerade durch das Scheitern – bei mir eine Gedankenbewegung, durch die nun die Gegenständlichkeit in einem anderen Licht erscheint.

»Das Ergebnis des Transzendierens ist kein gegenständliches Resultat, sondern eine *Bewußtseinshaltung*. Während im gegenständlichen Erkennen die Verifikation durch Messen eines

Gegenständlichen an Gegenständlichem geschieht, hat die Korrelation von Leben und Denken im Philosophieren die Folge, daß philosophische Gedanken ihr spezifisches Kriterium haben: den Versuch, mit ihnen zu leben, ihre existentielle Erprobung.« In diesem Sinne ist das Philosophieren »ein Ansichselbstarbeiten, dann ein Übersichselbsthinausgehen, schließlich ein Finden des eigentlichen Selbst« (NPL 366).

Muß sich aber das Philosophieren notwendig in gegenständlichen Inhalten vollziehen, so besteht immer die Gefahr, diese als vermeintlich gegenständliche Erkenntnis aufzufassen. »Man kann die Lehre als Lehre nehmen, die von Dingen, Objekten, vom Ganzen gültiges Allgemeines sagt, während sie nur Weg und Mittel zu der immer geschichtlich konkreten existentiellen Selbsterhellung ist.« (NPL 369)

Mit Jaspers' Methode der Philosophie eröffnet sich folgendes grundsätzliche Problem: Die Darlegungen werden dadurch unangreifbar, aber nicht, weil sie so gut begründet wären, sondern weil ein Angriff sie nicht mehr trifft. Denn die Inhalte sind nicht diskutierbar und so gegen jedes gegnerische Argument immunisiert. Das haben Kritiker Jaspers immer wieder zu Recht vorgeworfen.[17] Und auch Jaspers' Entgegnung auf Einwände gegen seine Philosophie, wie sie u.a. in dem Nachwort von 1955 zu seiner *Philosophie* zur Sprache kommt, konnte dieses Problem nicht aus der Welt schaffen. (Vgl. Ph I XXX-LV)

Neben diesem allgemeinen Transzendieren philosophischer Mitteilung kennt Jaspers das existentielle Transzendieren zu sich selbst, das schon im vierten Kapitel angesprochen wurde. Im Zusammenhang mit den Grenzsituationen haben wir dieses als den eigentlichen und dritten Sprung bezeichnet. Es wird zwar durch den philosophischen Gedanken erweckt, ist aber nicht mit ihm identisch. Im Fortgang der Überlegungen werden wir dem Transzendieren in anderer Form noch an zwei weiteren Stellen begegnen, so im »formalen Transzendieren« im siebenten Kapitel und in der »philosophischen Grundoperation« im achten.

6. Die eigentlichen »Gegenstände« der Philosophie I: Existenz

»Vom Sein, das als es selbst ungegenständlich ist«, schreibt Jaspers, »habe ich nur eine erhellende Vergewisserung in inadäquater Vergegenständlichung. Dieses ungegenständliche Sein ist die *Existenz*, wenn es mir in eigenem Ursprung gegenwärtig werden kann dadurch, daß ich es selbst bin; es heißt *Transzendenz*, wenn es in gegenständlicher Gestalt der Chiffre, aber nur für Existenz erfaßbar, das Sein ist.« (Ph I 28)

Transzendenz und Existenz sind gegenständlich nicht erforschbar, aber sie stellen die eigentlichen »Gegenstände« der Philosophie dar. Wenn hier von den eigentlichen »Gegenständen« der Philosophie die Rede ist, so ist natürlich gerade die Gegenständlichkeit *als solche* zu leugnen.

Jaspers denkt, was die eigentlichen »Gegenstände« der Philosophie angeht, nicht anders als Augustinus [18]: Er will die Gottheit und die Seele erkennen, oder in der Terminologie von Jaspers ausgedrückt: die Transzendenz und die Existenz erhellen. Er zitiert sogar ausdrücklich Augustinus: *deum et animam scire cupio.* (Vgl. RA 407)

Das Sein ist mit dem Weltsein nicht erschöpft. Das Gegenständliche ist nicht alles Sein. Seele und Gott oder Existenz und Transzendenz *sind* nicht im selben Sinne wie die Dinge in der Welt und doch nicht nichts. Auch wenn sie nicht erkannt werden können, so können sie doch gedacht werden. Existenz und Transzendenz »erscheinen« als Dasein, werden als dieses Dasein gegenständlich, faßbar, objektiv, *sind* aber nicht dieses Dasein.

Und trotzdem bedeutet Dasein für Existenz das Medium ihrer Verwirklichung und für Transzendenz das Medium ihrer Gegenwart.

Ich kann Existenz leugnen, so wie ich nach Jaspers den Inhalt jedes philosophischen Gedankens leugnen kann – im Gegensatz zur partikularen, gegenständlichen Erkenntnis; diese kann ihren Gegenstand »vorzeigen«. »Daß Existenz Wirklichkeit ist, läßt sich nicht mehr als ein empirisches Dasein demonstrieren. Aber man kann dahin zeigen.« (NPL 162 f.) Jaspers nennt solche Zeiger »Signa«. Signa treffen kein bestehendes Sosein, sind keine Gegenständlichkeiten für ein »Bewußtsein überhaupt«. Wenn sie sich auch nur in dessen Medium ausdrücken können, so bleiben sie für das »Bewußtsein überhaupt« doch unverständlich. Denn in den Signa ist kein vorkommendes Dasein getroffen. »Nur in dem Maße als ich ich selbst bin, finden sie Prüfung und Widerhall, Abstoß und Aneignung.« (Ph I 47)

In diesem Kapitel will ich mich auf die beiden zentralen Signa beschränken: auf das »Ich selbst« und die »Freiheit«. Das Signum der Grenzsituationen wurde schon im vierten Kapitel erörtert, das der Kommunikation wird im neunten behandelt werden.

Ich selbst. »In natürlicher Unbekümmertheit frage ich nicht nach mir.« (Ph II 24) In dem Moment, wo ich nach mir frage, bin ich schon aus dieser Unbekümmertheit erwacht. Eine erlebte Grenzsituation kann mich so erschüttern, daß ich die Unbekümmertheit hinter mir lasse.

Doch wer oder was bin ich? Bin ich das »Ich überhaupt«, das »Bewußtsein schlechthin«, der »Verstand« als der Punkt, auf den alles Wißbare bezogen ist? »Ein solches ›ich überhaupt‹ bin ich nun in der Tat. Ich zweifle nicht, darin mit jedem anderen Ich übereinzustimmen. Aber ich bin nicht nur ›ich überhaupt‹, sondern *bin ich selbst.*« (Ph II 26)

Im Ichbewußtsein als »Bewußtsein überhaupt« finde ich mich

noch nicht. Ich befrage weiter mein Dasein, das in Zeit und Raum lebt, unverwechselbar, und sich zum Gegenstand werden kann. »In solchen Gegenständlichkeiten als Aspekten meiner selbst werde ich mir bewußt wie in Spiegeln. In keinem sehe ich mich ganz und gar, sondern in Teilen; ich erblicke Seiten meines Seins, identifiziere mich partiell mit ihnen, aber ohne ganz und gar identisch mit mir in ihnen zu werden. Denn was ich auch in solchen Gegenständlichkeiten als Faktizitäten mir bin, es bleibt ihnen gegenüber das Bewußtsein dessen, was, weil möglich, auch hätte werden können. Da diese Gegenständlichkeiten die verwirklichte Erscheinung meiner Möglichkeit sind, heißen sie Ichaspekte.« (Ph II 27) Jaspers unterscheidet vier solcher Ich-Aspekte: das Körperich, das soziale Ich, das Leistungsich und das Erinnerungsich.

Zunächst zum Körperich: Als Körper bin ich im Raum anwesend. Ich bin aktiv durch meinen Körper; ich muß aber auch passiv erdulden, was meinen Körper trifft. Ich bin mit meinem Körper eins, und doch bin ich nicht identisch mit ihm. »Wäre ich mein *Körperich*, so wäre es sonderbar, daß doch kein Körperteil wesentlich zu mir gehört. Ich kann Glieder, einzelne Organe, selbst Hirnteile verlieren; ich bleibe ich.« (Ph II 28) Eine andere Beobachtung: »Mein Körper erneuert seinen Stoff fortwährend. Seine Materie wird ausgewechselt, doch bleibe ich derselbe.« (Ph II 28) Und auch in der Möglichkeit des Selbstmords wird nach Jaspers deutlich, daß ich nicht mein Körper bin: »Ich kann mich töten und darin mir beweisen, daß ich meine Körperlichkeit nicht als mich selbst anerkenne. *Ich* töte *sie*, die nur passiv sterben kann. Ich aber vermag zu fragen, ob ich selbst dadurch schlechthin nichts werde.« (Ph II 29)

Zum sozialen Ich schreibt Jaspers: »Ich kann mich meinen, *als was ich* im Zusammenhang des sozialen Lebens *gelte.* Meine Funktion im Beruf, meine Rechte und Pflichten drängen sich mir als mein Sein auf. Meine Wirkung auf andere läßt ein Bild meines Wesens entstehen [...]: ich meine zu sein, was ich für andere bin.« (Ph II 29) Der Mensch ist ein soziales Wesen, selbst dann noch, wenn er außerhalb der Gesellschaft gegen sie steht. Es mag Fälle geben, wo jemand sich dadurch verliert, daß er aus seiner Umgebung gerissen wird; und doch ist das soziale Ich nicht mit meinem Selbst identisch. Ich kann bei allem sozialen Wandel ich selbst bleiben. »Ich bin nicht Ergebnis der soziologischen Konstellationen.« (Ph II 30)

Im Kontext mit dem Leistungsich heißt es bei Jaspers: »In der Gesellschaft habe ich Geltung durch das, was ich *leiste*. Es ist mir ein neuer Spiegel dessen, was ich bin. Was durch mich geschah, was ich als Erfolg und als Werk sehen kann, oder was mir als Mißerfolg und als Mißratenes vor Augen steht, darin werde ich mir auf eine eigne Weise gegenständlich.« (Ph II 31) Dennoch bin ich nicht identisch mit dem, was ich leiste. Die Leistung kann ich von mir loslösen. Ich kann mich ihr sogar entgegensetzen. Mein Ich erschöpft sich nicht in dem, was ich leiste.

Den vierten Ich-Aspekt bildet das Erinnerungsich: Mein gegenwärtiges Ichbewußtsein ist – unbewußt oder bewußt – bestimmt durch meine Vergangenheit. »Meine Vergangenheit wird mein Spiegel; ich bin, was ich war.« (Ph II 32) Aber ich bin nicht die Totalität meiner Erinnerungen. Ich bin gegenwärtig und habe auch Zukunft. Die Vergangenheit ist aber nicht Maßstab für die Gegenwart und die Zukunft. Zwar wird mir in meinen Erinnerungen die Kontinuität und damit zugleich die Substanz meines Wesens sichtbar. »Aber in der Erinnerung erscheine ich mir nur.« (Ph II 32) Als fixiertes Objekt ist diese Erinnerung nicht mit mir identisch.

Insgesamt kann man also sagen, daß ich mit keinem dieser Ich-Aspekte identisch bin, auch nicht mit ihrer Totalität. Ich erscheine mir in ihnen nur empirisch. Ich-Aspekte treffen immer nur partikulare Tatbestände, aber nicht das, was ich eigentlich bin. Wenngleich ich mich gegenständlich in diesen verschiedenen Ich-Aspekten erfassen kann, mache ich jedesmal die Erfahrung, daß ich diese Ich-Aspekte nicht ganz bin. »Das so *Objektgewordene* kommt *nicht zur absoluten Identität mit mir selbst.*« (Ph II 32) Mein eigentliches Sein liegt diesen Erscheinungen zugrunde. Aber in seiner Totalität wird es mir nicht gegenständlich. Es bleibt dabei: »Ich bin noch anderes.« (Ph II 34) Und doch entsteht durch diese Überlegungen ein indirektes Wissen um mich, wenn es auch kein Wissen von mir ist, nämlich: »Das Selbst ist *mehr als alles Wißbare.*« (Ph II 34) Gegenüber diesen objektiven Fixierungen bleibt ein *Rest*, der nicht objektivierbar ist: *ich selbst* oder ich als *Existenz*, wie Jaspers auch dazu sagt.

Existenz als Freiheit. In bewußter Anlehnung an Kierkegaard [19] versteht Jaspers die Existenz als »das *Selbst, das sich zu sich selbst verhält* und *darin* sich *auf die Macht bezogen* weiß, *durch die es gesetzt ist*« (PGO 118). Zwei Momente werden hier genannt: Erstens, daß ich mich zu mir selbst verhalte, und zweitens, daß ich einen Bezug zum Grund meines Seins habe. Beide Momente sind für Jaspers' Existenzbegriff von entscheidender Bedeutung: Der Mensch erfährt sich als Freiheit, und Freiheit erfährt sich als abhängig von der Transzendenz. Durch den zweiten Aspekt unterscheidet sich Jaspers von jedem Existentialismus, der meint, ohne Gott auskommen zu können.

Nach Jaspers ist Freiheit das eigentliche Signum der Existenzerhellung. Existenz zeichnet sich wesentlich durch Freiheit aus, so wesentlich, daß es auf den ersten Blick fast scheinen könnte, als ob Existenz und Freiheit identisch wären. Zu einer Totalidentität will es Jaspers aber doch nicht kommen lassen; denn Existenz ist die die Freiheit übergreifende Wirklichkeit. (Vgl. NPL 205) Das heißt, daß Existenz darüber hinaus noch durch andere Momente bestimmt ist, wenn auch Freiheit ihr wesentliches Kennzeichen ist.

Freiheit als Gegenstand: »Man spricht von politischer Freiheit, persönlicher Freiheit, wirtschaftlicher Freiheit, – religiöser Freiheit, Gewissensfreiheit, – Denkfreiheit, Pressefreiheit, Versammlungsfreiheit usw.« (UZG 194) Alle diese Freiheitsbegriffe werden äußerlich und verkehrt, wenn sie nicht im philosophischen Begriff der Freiheit fundiert bleiben – und diese Freiheit hat nach Jaspers »als das eigentliche Sein und Tun des Menschen« zu gelten. (UZG 195)

In der erkennbaren Natur kommt diejenige Freiheit, um die es Jaspers geht, nicht vor. Biologie, Psychologie und Soziologie haben ein Bild vom Menschen, in dem die Freiheit keinen Platz hat. Und doch »erscheint« Freiheit in gegenständlicher Form. Jaspers nennt drei solcher Erscheinungsweisen: Freiheit ist erstens objektiv die Freiheit des Handelns »im Gegensatz zum Gezwungenwerden durch körperliche Fesseln, durch seelische Erpressung, Bedrohung, durch körperliche Foltern«. Freiheit ist zweitens objektiv »die Freiheit des Sichaussichselbstentfaltens, Aussichselbstbewegens im Gegensatz zur Beschränkung durch soziologische und politische Gegebenheiten und durch die bestimmten Situationen«. Und sie ist drittens objektiv »die Freiheit des Wollens als Wahlfreiheit im Gegensatz zur Unfreiheit etwa durch geistige Erkrankung (als psychologische Willensfreiheit im Sinne des Strafgesetzbuchs [...])« (PGO 356). Aber diese objektiven Begriffe der Freiheit erschöpfen den philosophischen Begriff der Freiheit nicht.

Ein weiterer Versuch, den philosophischen Begriff der Freiheit aufzuhellen, besteht darin, nach ihren Voraussetzungen zu fragen. Jaspers nennt hier drei: Freiheit ist nicht ohne Wissen, nicht ohne Willkür und nicht ohne Gesetz.

»Was nur besteht oder geschieht, ist unfreies Dasein [...]. Ich bin nicht nur ein Ablauf von Ereignissen, sondern weiß, daß ich bin. Ich tue etwas, und weiß, daß ich es tue [...]. Das Wissen von dem, was passiv und notwendig geschieht, entzieht mich zwar keiner Notwendigkeit, aber es hebt das Ich, das weiß, im Wissen über das nichts als Notwendige hinaus; selbst dabei sein, als Sache verstehen, was ich tun muß, ist Moment der Freiheit. Ich bin im Wissen noch nicht frei, aber *ohne Wissen ist keine Freiheit.*« (Ph II 177) Das Gegenständlichsein selbst, das Wissen, ist in diesem Sinne »das Minimum und zugleich die Bedingung aller Freiheit« (NPL 276).

Ich kann unter mehreren Möglichkeiten, die ich weiß, wählen. »Wo mir mehreres möglich ist, ist meine *Willkür* Grund dessen, was geschieht.« (Ph II 177) In objektiver Hinsicht kann ich diese Willkür als ein zwangsläufiges Geschehen begreifen: »Meine Wahl ist abhängig von der Weise meines Wissens, dessen Zustandekommen ich verfolgen kann.« (Ph II 177) Auch ist meine Wahl abhängig von psychologischen Motiven. »Aber trotz beider Abhängigkeiten bleibt doch die Willkür eine Aktivität, die durch keine Erkenntnis begriffen, sondern vorausgesetzt wird.« (Ph II 177 f.) Im Einzelfall kann eine faktische Entscheidung nicht mit der Strenge kausaler Einsicht als zwangsläufig bewiesen oder vorausgesagt werden. »Selbst wenn ich als Wählender die Entscheidung in bloßen Zufall für mich verwandle, etwa durch Abzählen oder Würfeln, bleibt das Moment der Willkür, weil ich mich so der Passivität eines objektiven Zufalls freiwillig unterwerfe.« (Ph II 178) In objektiver Hinsicht scheint Willkür beliebig zu verfahren. Darum scheint sie wahllos, d.h. auch subjektiv beliebig zu sein. Das trifft aber nicht zu. »Vielmehr ist in allem willkürlichen Entscheiden ein mit meinem Ichsein als Spontaneität Zusammenfallendes wirksam.« (Ph II 178) Willkür ist jedoch noch keine Freiheit, da sie ohne Gehalt ist. Aber ohne Willkür gibt es keine Freiheit. Wissen und Willkür stellen darum immer nur »formale« Freiheit dar. (Vgl. Ph II 185)

»Verstand und Willkür erfassen sich in ihrer wesentlichen Freiheit erst unter *Gesetzen.* Ihre Freiheit ist nicht Beliebigkeit des Wissens als bloßen Gegenstandhabens und des Wählens als bloßer Wahl, wie es einen Augenblick scheinen könnte, sondern vollzieht sich erst in der Richtigkeit des Verstandesdenkens als Denken des Gültigen und in der Willkür als rechtes Handeln [...]. Diese Freiheit als Richtigkeit bleibt zwar leer. Das bloß Richtige kann das Gleichgültigste sein. Aber Richtigkeit ist Bedingung oder Stachel für alle gehaltvolle Freiheit.« (NPL 276) Die Selbstgewißheit im Gehorsam gegen ein evidentes Gesetz nennt Jaspers im Anschluß an Kant auch »transzendentale« Freiheit. (Ph II 185) Obschon ohne Wissen, ohne Willkür und ohne Gesetz keine Freiheit ist, darf sie nicht mit diesen ihren Bedingungen gleichgesetzt werden.

Existentielle Freiheit: Die psychologischen und soziologischen Freiheiten sind nie die Freiheit selbst, sondern deren Erscheinung im Dasein. »Freiheit ist weder beweisbar noch widerlegbar.« (Ph II 169) »Freiheit ist wirklich in einem anderen Sinne als die empirische Wirklichkeit. Sie ist [...] nicht als empirische Wirklichkeit aufzeigbar.« (NPL 282) Die Frage, ob Freiheit sei, ist nichtig als Frage des »Bewußtseins überhaupt«. Denn Freiheit ist nicht als ein Dasein zu beweisen. »Soweit Erkenntnis reicht, gibt es noch keine Freiheit.« (Ph II 177) So kann ich Freiheit immer auch psychologisch bzw. soziologisch erklären und begreifbar machen.

Freiheit ist Gegenstand, »sofern sie psychologisch als Willkür, soziologisch als politische Freiheit, psychopathologisch als Beraubung der freien Willensbestimmung gegenständlich wird; sie ist kein Gegenstand in der Welt, auch nicht für die Psychologie, wenn sie als eigentliche, als existentielle Freiheit unbestimmbar gemeint wird« (PGO 162).

Das Entscheidende meiner Freiheit liegt nach Jaspers nicht darin, daß ich *etwas* wähle, also Objektivitäten, sondern daß ich *mich* wähle, wenn dieses Wählen auch nur durch die Objektivitäten hindurch realisiert werden kann: Ich wähle mich. In freier Entscheidung schaffe ich mein eigenes Wesen in geschichtlicher Kontinuität. Ich selbst bin nicht nur Ursprung meiner Handlungen, sondern durch diese hindurch Ursprung meines eigenen Wesens. Jaspers spricht in diesem Zusammenhang sogar von »Selbstschöpfung« (Ph II 195). Doch handelt es sich hierbei nicht um eine absolute Selbstschöpfung. Das wird schon durch den Begriff des »Sichgeschenktwerdens« deutlich, von dem noch zu sprechen sein wird.

»Sage ich zu mir: ›Ich bin frei‹, so heißt das: was ich werde, liegt auch an mir; ich werde, was ich bin, durch das, was ich in der Welt mit mir tue.« (PGO 354) Diese Freiheit, die Jaspers auch die existentielle oder ursprüngliche Freiheit nennt, ist jeder Vergegenständlichung und Verallgemeinerung entrückt. Sie liegt noch eine Ebene tiefer als die Freiheit des Verstandes und der Willkür.

»Existenz kann ich nicht geradezu wollen [...]. Wollen kann ich nur das schlechthin Gegenständliche.« (Ph II 162) Existenz aber ist ungegenständlich. Das bedeutet, daß ich Existenz nur durch mein Handeln in der Welt verwirklichen kann: Was ich bin, das werde ich durch meine Entscheidungen. Freiheit »erfaßt sich selbst nur an dem Getanen, nicht an sich selbst« (NPL 206).

Die existentielle Freiheit ist also nicht vom Modell des Wählens im Bereich des Gegenständlichen her zu begreifen. Das Existentielle der Wahl besteht gerade darin, daß mögliche Existenz sich selbst wählt. Es geht hier nicht um die Wahl von Objektivitäten, es geht um die Wahl meines Selbst. Freiheit ist in diesem Sinne diese Wahl meines Selbst. Freiheit bezieht sich also in ihrem Kern auf das Innen, nicht auf ein Außen.

»Bloße Wahl erscheint nur als eine Wahl zwischen Objektivitäten; Freiheit aber ist als die Wahl meines Selbst. Ich kann darum nicht noch einmal gegenübertreten und zwischen mir selbst und dem Nicht-ich-selbst-sein wählen, als ob Freiheit nur ein Werkzeug von mir wäre. Sondern: indem ich wähle, bin ich; bin ich nicht, wähle ich nicht. Was ich selbst sei, ist zwar noch offen, weil ich noch entscheiden werde: insofern bin ich noch nicht.« (Ph II 182) Dem heute so abgegriffenen Wort von der Selbstverwirklichung gibt Jaspers damit eindeutig den Abschied: »Ich finde nicht, indem ich mich umsehend suche.« (Ph II 183)

Wo aber Freiheit ist, da ist auch Verantwortung, und wo Verantwortung ist, da gibt es auch Schuld. Ich bin insofern wesentlich meine Wahl und meine damit verbundene Verantwortung. (Vgl. Ph II 183) Selbstwerden heißt nicht, alle Autorität über Bord zu werfen. Jaspers spricht von einer Scheu, ja sogar Pietät gegenüber der Überlieferung. Der zu sich selbst gekommene Mensch »wirft keine Fessel leichten Herzens ab, denn er will treu sein im Übernehmen und nicht vergessen. Wer sich der vollen Unabhängigkeit bewußt geworden ist, wagt sie in stiller Entschlossenheit, ergreift sie nicht in blindem Jubel. Er hat den entschiedensten Sinn für Überlieferung und Autorität, deren mögliches Maximum festzuhalten er gesonnen ist.« (Ph I 311)

Diese Überlegungen laufen allen Bestrebungen zuwider, Schuld und Verantwortung zu verharmlosen oder gar zu verleugnen. Demgegenüber hält Jaspers unerbittlich an der Einsicht fest: Wir entscheiden uns und sind verantwortlich, das können wir im Ernst nicht abstreiten. Einem Leugner von Schuld und Verantwortung hält er entgegen: »Als ein Angeklagter vor Gericht seine Unschuld damit begründete, daß er so geboren sei und nicht anders könne, daher nicht haftbar zu machen sei, antwortete der gut gelaunte Richter: das sei ebenso richtig wie die Auffassung vom Handeln des ihn strafenden Richters: nämlich auch dieser könne nicht anders, da er nun einmal so sei und notwendig nach den gegebenen Gesetzen so handeln müsse.« (Einf 50 f.)

Freiheit als Geschenk: Nun stellt sich darüber hinaus die

Frage: »Wenn ich frei bin, bin ich dann frei durch mich? Ich kann mir ausbleiben. Und dann: Ich kann nicht allein durch meinen Willen meine Freiheit erfüllen. Was ich bin, bin ich nicht durch mich. Ich werde in meiner Freiheit, im Freisein selber und seiner Erfüllung, mir geschenkt.« (PGO 354 f.) Ich begegne mir »in der Gestalt der Entscheidung« (Ph II 40). Durch keine Anstrengung aber kann ich diese Selbstwerdung erzwingen. Vielmehr komme ich zu mir »*wie ein Geschenk*« (Ph II 44).

Was meint dieses Sich-geschenkt-Werden? *Ich* bin es doch, der für mich verantwortlich ist, *ich* bin es, der sich selbst wollen kann und auch will. Dennoch werde ich mir selbst immer auch geschenkt, »weil dieses Sichselbstwollen noch eines *Hinzukommenden* bedarf« (Ph II 45). In dieser Formulierung klingt etwas an, das an »Gnade« denken läßt. Wenn Jaspers in diesem Zusammenhang den Gnadenbegriff ablehnt, so muß dies dem keineswegs widersprechen; denn Jaspers kritisiert hier ein verzerrtes Gnadenverständnis, wonach die Freiheit zugunsten des allein wirkenden göttlichen Willens geleugnet wird. (Vgl. Ph II 198) Dies ist ein für Jaspers' Denken charakteristischer Zug: Auf der einen Seite werden überlieferte christliche Begriffe zumeist verzerrt dargestellt und abgelehnt, auf der anderen Seite weisen aber viele Begriffe seines eigenen Denkens eine innere Nähe zu diesen tradierten Glaubensgehalten auf. Wenn Gehlen meint, daß der Erfolg der Schriften von Heidegger nicht zuletzt darauf beruhe, daß dort durch eine neue philosophische Terminologie christliche Bestände in Bewegung gesetzt werden [20], so trifft das für Jaspers ebenso zu.

Aber zuerst einmal meint Jaspers mit dem Begriff des Sich-geschenkt-Werdens wohl, daß ich die »Existenz-Werdung« nicht mit Hilfe eines bestimmten Rezeptes, durch ein bestimmtes Tun »machen«, »planen« oder herbeizwingen kann. Ein bestimmtes Tun ist zwar hier Voraussetzung, also notwendige, aber noch keine hinreichende Bedingung. Ich werde Existenz, oder ich werde es nicht. Und wenn ich es werde, erlebe ich es wie ein Geschenk. Diese Struktur weist gewisse Ähnlichkeiten zu der Unio mystica auf, für die man sich zwar zurüsten, die man jedoch auch nicht herbeizwingen oder erwirken kann.

Wissen wir nun, was Freiheit ist? Jaspers verneint diese Frage:

»Aber das liegt am Wesen der Freiheit. Gegen den Vorwurf, man habe durch alle die Sätze nicht erfahren, was sie sei, ist bewußt zu machen: Freiheit ist kein Gegenstand. Sie hat nicht ein Dasein, das in der Welt vorkommend erforschbar wäre. Für wissenschaftlich-gegenständliche Welterkenntnis gibt es keine Freiheit. Daher ist Freiheit nicht in einem definierten Begriff vor Augen zu stellen. Was ich aber nicht gegenständlich erkenne, dessen kann ich doch denkend innewerden, in Denkbewegung zur begrifflichen Gegenwärtigkeit bringen, – und dann von Freiheit sprechen, als ob sie da sei. Aber es ist unvermeidlich, daß darin ein Knäuel von Mißverständnissen liegt.« (UZG 199)

Wenn auch die Ausführungen in der *Philosophie* zur Freiheitsproblematik insgesamt nur 25 Seiten betragen, so ist Jaspers' Philosophie als ganze doch eine Philosophie der Freiheit (vgl. Ph I XXXII), weil sie entschieden für Selbstwahl und Toleranz eintritt – gegen Heteronomie und Intoleranz. Wohl nicht ganz zu Unrecht hat Hannah Arendt darum Jaspers als »den einzigen Nachfolger, den Kant je gehabt hat«, bezeichnet.[21]

Existenz als Seinkönnen. Jetzt wird auch verständlich, warum Jaspers immer nur von möglicher Existenz spricht oder davon, daß Existenz eigentlich ein »Seinkönnen« ist. »Menschsein ist Menschwerden« (Einf 57); »unser Wesen ist Auf-dem-Wege-Sein« (Einf 99). Denn ich weiß nie endgültig, was ich bin, weil es noch immer nicht entschieden und auch nicht übersehbar ist; erst die Zukunft wird es zeigen. Erst in der Wirklichkeit meines Lebens erfahre ich, was ich eigentlich bin und sein kann.

»Das Selbst ist kein Dasein, kein Sosein, kein Gegenstand, nicht etwas, das ich habe und als das ich so bin, wie ich bin.« (GPN 465) »Das Selbst ist nicht, es ist im Werden.« (GPN 468) Das heißt, daß Existenz ständig in der Wahl steht, zu sein oder nicht zu sein. Ich erfahre mich als der, der er selbst sein kann, aber auch nicht er selbst sein kann. Dadurch verhalte ich mich zu meiner eigenen Möglichkeit: Existenz ist nicht ein Sein, sondern ein Seinkönnen. (Vgl. VdW 77)

Existenz ist also Möglichkeit, da sie über ihre Wirklichkeit immer erst noch entscheidet. Und sie ist Möglichkeit, weil sie nie *eigentlich* zur Wirklichkeit kommt. Der Mensch ist im Dasein »mögliche Existenz«. Während Dasein da ist oder auch nicht da ist, tut Existenz, weil sie möglich ist, Schritte zu ihrem Sein oder von ihm hinweg ins Nichts durch Wahl und Entscheidung. Diese Schritte zu ihrem Sein geschehen aber immer nur in Identität mit Dasein. »Nur in der Erscheinung, nicht außer ihr in einem imaginären, losgelösten Selbstsein [...] ist der Gehalt meines Wesens gegenwärtig.« (Ph II 121) Jaspers nennt diese Einheit meiner mit meinem Dasein als Erscheinung »Geschichtlichkeit« (vgl. Ph II 122), und unter »geschichtlichem Bewußtsein« versteht er das Innewerden dieser Einheit. (Vgl. Ph II 119)

Der Verlust dieser Einheit bedeutet zwar den Untergang des Daseins, nicht aber den der Existenz. Das Selbst, die Existenz, scheint für Jaspers unsterblich zu sein, jedenfalls insofern es es selbst wird. (Vgl. Ph III 92) Allerdings sagt Jaspers über die Art und Weise dieser Unsterblichkeit nichts Genaueres aus, was von seinen Voraussetzungen her konsequent ist, bedenkt man nur das über die Grenzsituation des Todes Gesagte.

Mit der Freiheit ist gleichzeitig ein Transzendenzbewußtsein gegeben: »Wenn wir frei entscheiden und erfüllt vom Sinn unser Leben ergreifen, so sind wir uns bewußt, uns nicht uns selbst zu verdanken. [...] Je mehr der Mensch eigentlich frei ist, desto gewisser ist ihm Gott. Wo ich eigentlich frei bin, bin ich gewiß, daß ich es nicht durch mich selbst bin.« (Einf 51) Freiheitsbewußtsein und Gottesbewußtsein scheinen bei Jaspers in eins zu fallen. »*Wo ich ganz ich selbst bin, bin ich nicht mehr nur ich selbst.*« (Ph II 199) Ein solcher Satz mutet schon fast wie ein Gottesbeweis an. Die Freiheit des Menschen, die dem Existentialismus eines Sartre als ein Argument gegen die Möglichkeit der Existenz Gottes gilt, wird für Jaspers so geradezu zur intensivsten Vergewisserung darüber, daß Gott ist.

Ist aber Transzendenz nur für den je einzelnen als Existenz wirklich, beruht die Wirklichkeit der Transzendenz dann nicht auf bloß subjektiven Erlebnissen und Gefühlen? Jaspers wird zwar nicht müde, diese Erfahrung von allem Subjektiven und Psychologischen fernzuhalten, verharrt aber letztlich doch beim Aufstellen von Behauptungen. Es kann natürlich auch nicht anders sein, da ja »Beweise« nach Jaspers nicht in diesen Bereich gehören.

7. Die eigentlichen »Gegenstände« der Philosophie II: Transzendenz

Das Thema der Transzendenz nimmt im Werk von Jaspers einen breiten Raum ein, wobei zu unterscheiden ist zwischen der »universellen, uneigentlichen Transzendenz« – Jaspers nennt hier Dasein, Bewußtsein überhaupt, Geist, Existenz, Welt – und der »eigentlichen Transzendenz« oder der »Transzendenz aller Transzendenzen« (VdW 109), also »Gott«. Unser Interesse gilt hier nur dieser letzteren Form der Transzendenz.

Freiheit, so haben wir gesagt, erfährt sich als auf Transzendenz bezogen, nicht durch sich selbst gesetzt. Wir »spüren« die totale Abhängigkeit unserer Freiheit *vor* der Transzendenz. Diese Einsicht gehört nach Jaspers zum Menschen als Menschen. Bei dieser mit dem Freiheitsbewußtsein gegebenen unmittelbaren Gottesgewißheit (vgl. VdW 643 f.) handelt es sich selbstverständlich um »natürliche Theologie«. Was sollte es denn sonst sein? Wenn Jaspers sich mit Kant vehement gegen die natürliche Theologie wendet (vgl. Einf 34), so steht dahinter die Reduzierung der natürlichen Theologie auf die sogenannte Gottesbeweisproblematik.

Formales Transzendieren. Transzendenz ist kein Gegenstand. Wie aber können wir dann überhaupt die Transzendenz denken oder über sie sprechen? Denn unser Denken und Sprechen ist notwendig gegenständlich. (Vgl. PGO 124)[22]

Aufgrund dieser paradoxen Einsicht entwickelt Jaspers eine Denkmöglichkeit, die durch diese Bedingtheit unseres endlichen Denkens gerade dadurch hindurchstößt, daß sie sein notwendiges Scheitern realisiert: »Unser endliches Denken«, so schreibt er, »ist gebunden an Gegensätze. Wenn es denken soll, was über allen Gegensätzen ist, dann scheitert es an den Gegensätzen. Aber durch dieses methodisch vollzogene Scheitern wird die Transzendenz getroffen. Eine logische Sprache dringt, sich selbst preisgebend, über das Logische hinaus. [...] Die Einsicht in das Wesen des menschlichen Denkens und der Gegenstände menschlicher Denkbarkeit als gespalten in Gegensätze erlaubt den denkenden Aufschwung zu Gott in den Gestalten der Undenkbarkeit.« (PGO 391) »Formales Transzendieren« nennt Jaspers diese Denkbewegung, der gerade im Realisieren des Scheiterns endlichen Denkens in bezug auf das Unendliche der Aufschwung, wenn auch nur im Gedanken, gelingt.

Wir können stets nur in Kategorien wie Sein, Wirklichkeit, Realität, Substanz, Materie, Wesen, Grund, Ursprung, Ewigkeit, Unzerstörbarkeit, Nichts u.ä. denken, die alle für Jaspers immer einen gegenständlichen Sinn haben. Wird das Transzendente mit diesen Kategorien benannt, so ist es doch schon zugleich verfehlt, da es in keiner Kategorie steht. Mit den Kategorien müssen wir über die Kategorien hinaustranszendieren in das Ungegenständliche, in das Unbestimmbare, in das Undenkbare. Wird das Transzendente, das in keiner Kategorie steht, in Kategorien gedacht, so muß sogleich paradox das Kategoriale wieder rückgängig gemacht werden: »Das Denken kann seinen letzten transzendierenden Schritt nur in einem Sichselbstaufheben vollziehen.« (Ph III 38) In dieses »Rückgängigmachen« wird der eigentliche Akzent verlegt, durch den das Absolute in seiner »überwältigenden Unfaßlichkeit« (Ph I 51) hervorgeht: »Das Resultat solchen Transzendierens als aussprechbarer Satz besteht in Negation. Alles Denkbare wird zurückgewiesen als nicht gültig von der Transzendenz. Transzendenz darf durch kein Prädikat bestimmt, in keiner Vorstellung zum Gegenstand, in keinem Schluß erdacht werden, doch sind alle Kategorien verwendbar, um zu sagen, das

Transzendente sei nicht Quantität noch Qualität, nicht Beziehung noch Grund, nicht Eines, nicht Vieles, nicht Sein, nicht Nichts usw.« (Ph III 38 f.)

Das Denken der Transzendenz scheitert notwendig. Denn immer spricht dieses Denken ein Etwas aus; es gebraucht notwendig Kategorien, allgemeine Formen des Denkbaren. Damit aber wird die Transzendenz rational und endlich. (Vgl. PGO 395) Das Göttliche entschwindet so dem Denken, weil das Denken zwangsläufig dasjenige in Bestimmungen denkt, was selbst bestimmungslos ist. Transzendieren kann somit nicht bedeuten, daß wir auf Kategorien verzichten – denn um das »Darüber hinaus« vollziehen zu können, muß gedacht werden –, sondern nur, daß wir uns von diesen Kategorien nicht binden lassen, daß wir mit ihnen über sie hinausgelangen, sogleich aber auch wieder in sie zurückgleiten. Gefangen in unseren formalen Denknotwendigkeiten, bleiben wir zwar immer in diesen Fesseln, kommen aber gerade dadurch auch wiederum aus ihnen heraus, daß wir sie durchschauen. (Vgl. PGO 232 f.)

In diesem Sinne kann die Transzendenz sowohl als das Überseiende wie auch als das Nichtseiende bezeichnet werden (vgl. VdW 109): In dem Begriff des Überseienden kommt zum Ausdruck, daß jede Seinskategorie dem Transzendenten inadäquat ist, daß es dadurch herabgezogen würde in eine partikulare Immanenz; der Begriff des Nichtseienden verweist darauf, daß das Sein der Transzendenz in keiner Kategorie steht, die ein Sein bedeutet.

Für den Verstand ist es eine Voraussetzung, erklärt Jaspers, daß alles, was ist, auch gegenständlich und wißbar ist. (Vgl. Ph I 30) Demgegenüber aber ist Gott nirgends in der Welt zu finden. Er »entzieht sich der Leibhaftigkeit und der Anschauung. Seine Wirklichkeit ist nicht Realität in Raum und Zeit. Sein Dasein ist nicht nachzuweisen. Seine Wirklichkeit muß, wenn sie ist, von einem radikal anderen Charakter sein als alle Weltrealität. Aus dem Gottesgedanken entwickelt sich keine Wissenschaft als allgemeingültige Erkenntnis von Gott, die den Gegenstand ›Gott‹ zu erforschen vermöchte. Denn für das Wissen gibt es keinen Gott.« (PGO 233) »Transzendenz ist keine zwingende Wirklichkeit.« (Ph III 7)

Jaspers schränkt den Begriff des Wissens auf den des gegenständlichen Wissens ein. Er sagt ausdrücklich: »Wissen trifft Endliches in der Welt.« (Ph II 281) »Was aufzeigbar oder zu beweisen ist, ist endliche Einsicht in ein Besonderes.« (Ph III 17) Transzendenz aber ist im Sinne dieses Seins nicht da. Dahinter steht die Auffassung, daß der alte Gegensatz von Vernunft- und Glaubenserkenntnis durch die moderne Dreigliederung von Wissenschaft, Philosophie und Theologie abgelöst ist. (Vgl. PGO 95-110) Wissen gehört jetzt allein dem Bereich der Wissenschaften an. In bewußter Absetzung von der wissenschaftlichen Weltorientierung wird Gott wesentlich als das Nicht-Gegenständliche, Nicht-Wißbare, Nicht-Zwingende und Nicht-Allgemeingültige bestimmt. Denn für Jaspers muß eine ontologisch konzipierte Allgemeinheit des Seins der Transzendenz, die für jedermann gültig wäre, unmöglich erscheinen. Die Wahrheit der Transzendenz ist vielmehr geschichtlich, darum nicht universal; sie ist unbedingt, darum nicht allgemeingültig. (Vgl. Ph III 23 f.)

Chiffer. Die im formalen Transzendieren erscheinende Transzendenz bleibt ohne Bestimmung. Von diesem Sein läßt sich nach Jaspers nichts aussagen »als der formale tautologische in möglicher Erfüllung unergründliche Satz: *es ist, was es ist*« (Ph III 67); was an Heideggers bekannte Formulierung erinnert: »Doch das Sein – was ist das Sein? Es ist es selbst.«[23] Im formalen Transzendieren bleibt die Gottheit schlechthin verborgen.

Sein ist für uns aber immer nur wirklich, sofern es im Dasein zur Sprache kommt. Ein bloßes Jenseits ist leer und so gut, als ob es nicht wäre. Aus diesem Grund fordert die Möglichkeit der Erfahrung »eigentlichen Seins« nach Jaspers »*immanente Transzendenz*« (Ph III 136). »Chiffer« ist in diesem Sinne das Sein, das die Transzendenz zur Gegenwart bringt, ohne daß dadurch aber die Transzendenz Sein als Objektsein werden müßte. Chiffer ist aber nicht als sie selbst die Transzendenz, sondern nur deren Sprache. (Vgl. Ph III 129)

Während es beim *formalen Transzendieren*, d.h. bei der Vergewisserung der Transzendenz im Scheitern des Denkens, um eine formale Denkstruktur ging, geht es jetzt um die »*Gegenwart* der Transzendenz« (Ph III 35). Jaspers spricht darum hier auch von einem »gehaltvollen Transzendieren« (VdW 1031). Das formale Transzendieren und das gehaltvolle Transzendieren gehören aber zusammen. Während in einem ersten Schritt, dem formalen Transzendieren, der Aufschwung zum Transzendenten gelingt, der Weg also vom Welthaften ins Gegenstandslose verläuft, setzt in einem zweiten Schritt der umgekehrte Weg ein: Das gehaltvolle Transzendieren bedeutet in diesem Sinne eine neue Rückkunft auf die Welt, eine Rückkunft in eine neue, verwandelte Gegenständlichkeit – in die Welt der Chiffern. Jedoch offenbart auch die Chiffern-Sprache die Gottheit nicht. Der Gott bleibt auch hier schlechthin verborgen. (Vgl. Ph III 127) Die »Was«-Frage wird in dem »Erhellen« letztlich doch nicht »erfüllt«. Ja, »Erhellen« meint eben gerade »nicht fixieren« (GSZ 150).

Aus der erkenntnistheoretischen Situation menschlichen Denkens, das sich notwendig in dem Schema von Subjekt und Objekt bewegt, ohne welches wir bewußtlos wären und nicht mehr dächten, folgt, daß wir die Transzendenz in Gedanken nicht angemessen erreichen können. Dem ist zweifellos zuzustimmen. Denn machen wir Gott zum Objekt, so machen wir ihn zum Götzen: »Dies Tun heißt Aberglaube.« (PGO 137) Dadurch aber, daß wir diese Schwierigkeit durchschauen, eröffnet sich für uns sogleich eine neue Möglichkeit, sinnvoll über das Transzendente zu sprechen. Wohl in Anspielung auf das platonische Höhlengleichnis sagt Jaspers pointiert: »Wenn das Gefängnis erkannt, gleichsam auch von außen gesehen wird, ist es selber durchstrahlt.« (PGO 136) So fordert er, die vermeintliche Leibhaftigkeit des Transzendenten »als täuschende Realität« zugunsten des Hörens der vieldeutigen Sprache der Chiffern preiszugeben. (PGO 154) Denn jede Weise der Leibhaftigkeit des Transzendenten bedeutet nach Jaspers »eine Trübung der Reinheit Gottes« (PGO 488).

Chiffern sind somit keine erkennbaren objektiven Gegenstände; sie entziehen sich allgemeingültiger Erfahrung und Verifizierbarkeit. Der Inhalt der Chiffern ist weder als Realität noch als zwingendes Wissen zu behandeln. »Chiffern sind nie die Wirklichkeit der Transzendenz selber, sondern deren mögliche Sprache.« (PGO 155) Die Transzendenz selbst erscheint nicht – sie bleibt verborgen. »An die Stelle ihrer Erscheinung tritt die Sprache der Chiffern.« (PGO 156) Das Leibhaftigwerden der Transzendenz ist geradezu die Grundverwechslung in unserem Umgang mit der Transzendenz. »Wird so die Wirklichkeit der Transzendenz eingefangen in die Realität, dann geht sie selber uns verloren.« (PGO 163) Es ist die Gottheit selber, die Jaspers dazu treibt, jede Leibhaftigkeit preiszugeben.

Alles, was ist und was von Menschen hervorgebracht wird, kann nach Jaspers Chiffer werden: Reales, Vorgestelltes, Gedachtes. (Vgl. PGO 193) Chiffern sind aber »keine neuen Gegenstände«, sondern »neu erfüllte Gegenstände« (VdW 1043). Wird so aber Chiffersein nicht zu etwas Beliebigem? Wenn man hier den von Jaspers verwendeten Begriff der wissenschaftlichen Weltorientierung zum Maßstab nimmt, muß diese Frage sicherlich mit Ja beantwortet werden. Nicht aber, wenn es um die Transzendenz selbst geht. Denn »als ausgesprochene in ihrer Objektivität« ist die Chiffer für Jaspers »ein Spiel, das keinen Anspruch auf Geltung macht«; »für mich selbst ist sie kein bloßes Spiel« (Ph III 151): Was Chiffer ist und wie, entscheidet Existenz. (Vgl. Ph III 170)

Die Chiffern Jaspers' sind somit nicht ungeschichtlich, nicht allgemein, nicht ohne Substanz. Es genügt, die Chiffern in ihrer Vieldeutigkeit zu halten, sie nie eindeutig werden zu lassen. Die Eindeutigkeit der Zeichen ist es ja gerade, die die Verborgenheit Gottes aufhebt. (Vgl. PGO 174)

Die Chiffern erlöschen in dem Moment, wo sie fixiert werden; zur Bewahrung ihres Lebens bedürfen sie darum der Schwebe. (Vgl. VdW 1031 f.) In diesem Schweben weisen die Chiffern aber gleichzeitig über sich hinaus auf den Grund der Dinge, »auf das, was das ›Sein‹, das ›Nichts‹, das ›Sein-Nichts‹, das ›Übersein‹, das ›vor allem Sein‹, das ›Jenseits allen Seins‹ heißt, und seit Jahrtausenden im Philosophieren berührt wird« (PGO 210).

Doch stellt sich nun folgende Frage: Vernichtet nicht der Anspruch der Ungegenständlichkeit und der Bildlosigkeit der Transzendenz alle Chiffern-Sprache? Chiffern-Sprache ist selbst noch kein Götzendienst – wenn auch hier die Forderung des biblischen Bilderverbots letztlich nicht erfüllt wird, ja nicht erfüllt werden kann wegen unserer menschlichen Natur, wie Jaspers hervorhebt. (Vgl. PGO 385) Denn Philosophie weiß hier, was sie tut. Götzendienst liegt erst dann vor, wenn der weitere Schritt getan wird, wenn die Bildhaftigkeit zur Leibhaftigkeit wird, wenn das Gegenständlichwerden der Transzendenz nicht unendliche Sprache, also schwebend und verschwindend bleibt, sondern Gott zum Objekt gemacht wird, »wenn man dem Bilde erweist, was nur der Wahrheit zukommt« (PGO 391). Die Chiffer versteht sich demgegenüber nur als »Wegweiser«. »Keine Chiffer ist die letzte, nicht die eine und einzige.« (PGO 210) Dennoch kann das »Erfassen der Transzendenz in immanenter

Erscheinung« »augenblicksweise« so aussehen wie eine »Materialisierung« (Ph III 18), da die »Gestalt als vorübergehende Form für die Erscheinung der Transzendenz« (Ph III 39) unausweichlich ist.

Aus der Vieldeutigkeit der Chiffern folgt, daß es kein objektives, neutrales Verstehen der Chiffern gibt. Vielmehr erweist sich alles Interpretieren von Chiffern »als Zeugnis vom eigenen Erfahren der Chiffern« (PGO 188). Die Chiffern sind »allgemein unlesbar«, müssen vielmehr »existentiell entziffert« werden. (Ph I 33)

Was bedeuten diese Überlegungen für die Vorstellung von einem persönlichen Gott? (Jaspers spricht vom persönlichen Gott bzw. von der Persönlichkeit Gottes, während wir heute »personal« bzw. »Personalität« bevorzugen würden.) Das Ich des Menschen kann dem Du Gottes ja nur gegenüberstehen, wenn dieser als persönlich gedacht wird. Hier wehrt aber Jaspers sogleich ab: Eine Identifizierung von Transzendenz und persönlichem Gott wird strikt abgelehnt. Die Personalität eines Du ist mit der Transzendenz keineswegs identisch. (Vgl. PGO 219) Ist das Transzendente für Jaspers damit weniger als Person?

»Nur im Menschen kennen wir Persönlichkeit«, schreibt Jaspers. »Das Personsein ist in der Welt eine einzige, nur menschliche, allen anderem Weltsein gegenüber ausgezeichnete Realität. Personsein aber ist nur als Beschränktsein möglich. Sie bedarf einer anderen Person. Denn Person ist nur mit Person. Allein für sich kann sie gar nicht zu sich selbst kommen. Die Transzendenz aber ist Ursprung der Persönlichkeit, selber mehr als sie und nicht wie sie beschränkt.« (PGO 224) Auch der Versuch, Gott als die eine, einzige, sich selbst genügende Personalität zu denken, ist nach Jaspers unangemessen. Denn auch hier wird Gott verendlicht durch Aussagen über ihn als eine Persönlichkeit mit Eigenschaften. (Vgl. PGO 236)

Im Personsein wird die Transzendenz Jaspers zufolge geradezu erniedrigt zu dem, was der Mensch ist. Das Transzendente als Ursprung des Personseins des Menschen kann aber niemals weniger sein als eine Person, sondern immer nur mehr. (Vgl. PGO 220) Insofern ist es angemessener, von der »überpersönlichen Transzendenz« zu sprechen. (PGO 373)

Auch wenn die Gottheit sich dem Menschen also als Person nähert, so macht das aber nach Jaspers die Gottheit nicht selber zur Person. In diesem Sinne ist Jaspers' Transzendenz mit dem unbewegten Beweger des Aristoteles oder der Gottheit des Spinoza zu vergleichen; beide werden zwar vom Menschen geliebt, aber sie lieben nicht wieder. (Vgl. Ant 784)

Diese Überlegungen zur Chiffer des persönlichen Gottes machen nun auch deutlich, was Jaspers mit der aus der Tradition der Mystik übernommenen Unterscheidung zwischen Gott und Gottheit, zwischen »deus« und »deitas« zu verdeutlichen sucht. »Gott (deus) ist die Form, in der die überpersönliche unfaßbare Gottheit (deitas) zum Menschen hingewendet ist.« (PGO 224) »Deitas« bedeutet in diesem Sinne also nicht weniger, sondern immer mehr als »deus«. »Wird die deitas zu denken versucht«, schreibt Jaspers, »so gerät sie in allgemeine Kategorien wie Substrat, Substanz und dergleichen, und schließlich in die allgemeine und leerste Kategorie des ganz Anderen. Sie ist vergeblich gedacht, denn sie entzieht sich, wie aller Gestalthaftigkeit, so auch aller Denkbarkeit. Und doch ist sie die eigentliche Wirklichkeit der Transzendenz. Wir aber müssen leben in der Spannung: diese eigentliche Wirklichkeit berühren zu wollen und doch in Gedanken und Vorstellung immer nur die Chiffern zu finden.« (PGO 224 f.)

Selbst Gott ist in diesem Sinne eine Chiffer (vgl. Ch 50), die Gottheit oder das Transzendente dagegen selbst ist keine Chiffer, sie ist das »Jenseits aller Chiffern« (Ch 93); auf diese aber sind wir in der Sprache der vieldeutigen Chiffern bezogen: Sie ist nicht denkbar und muß doch gedacht werden. Aber selbst ein Begriff wie der des »Jenseits aller Chiffern« trifft nach Jaspers das Transzendente nicht. »Es kann nur gedacht werden um den Preis, es dadurch im Denken zugleich zu verlieren.« (PGO 417) Das Denken der philosophischen Spekulation ist somit letztlich das Denken, das sich selbst aufhebt.

Es ist nicht unsere Aufgabe, die verbotenen Aussagen zu unterlassen, »sondern im Verbotenen durch Aufhebung der eigentlich radikal verbotenen Fixierung uns zu bewegen« (PGO 487).

Von hier aus wird verständlich, daß Jaspers sich entschieden gegen Bultmanns Entmythologisierungsprogramm wenden muß, er ihm aber gleichzeitig den Vorwurf machen kann, seine Entmythologisierung nicht zu Ende geführt zu haben aufgrund eines Willküraktes seines Glaubens. »Im Ganzen aber«, so urteilt Jaspers zusammenfassend, »raubt uns diese Entmythologisierung alle Mythenwelt, das heißt das Reich der Chiffern überhaupt, nimmt unserer Existenz die Sprache der Transzendenz in ihrem ganzen Reichtum und ihrer Vieldeutigkeit.« (PGO 431)

Negative Theologie? Die Chiffern-Sprache offenbart die Gottheit also letztlich auch nicht. Der Gott bleibt – trotz Chiffern – schlechthin verborgen, schlechthin unerkannt, absolut transzendent. (Vgl. VE 120) »Was Gott ist«, so Jaspers lapidar, »werde ich nie erkennen.« (Ph III 123) »Es ist genug, daß Gott ist.« (PGO 360) Chiffer-Sein bedeutet somit immer nur Gottes Gegenwart – nicht seine Erkennbarkeit.

Spätestens an dieser Stelle drängt sich aber die Frage auf: Sagen uns die Chiffern denn nichts über Gott aus? Jaspers scheint sich selbst mit diesen Aussagen in der Tradition der Negativen Theologie zu sehen. (Vgl. PGO 213) Ob sich aber das Denken von Jaspers so mühelos in diese Tradition einordnen läßt, wie das auch die Literatur fast einmütig behauptet, ist mehr als fraglich. Denn die klassische Negative Theologie geht ja – trotz aller Negationen – davon aus, daß Gott zum Beispiel das Attribut der Weisheit, der Güte, der Einheit, der Personalität usw. wirklich, d.h. »an sich« zukommt. In dem Nicht-Wissen der Negativen Theologie ist also immer ein gewisses »Wissen« enthalten.

Das scheint aber bei Jaspers nicht der Fall zu sein. So schreibt er etwa im Hinblick auf das Attribut der Personalität: »Persönlichkeit des Menschen ist für uns die höchste Gestalt der Wirklichkeit in der Welt, die uns begegnet, und die wir selbst sein können. Darum ist sie die Form, in der die Gottheit anzuschauen nahe liegt. Aber auch das Höchste in der Welt ist Weltsein. Es auf Gott zu übertragen, ist grundsätzlich nicht wahrer als irgendeine andere Übertragung von Weltsein auf Gott [...]. Alle Gedanken, die Gott als [...] Persönlichkeit denken, [...] bedeuten keine Einsicht in die Wirklichkeit und scheinen [...] frevelhaft.« (Sch 184) Für Attribute wie Weisheit, Güte, Einheit usw. trifft natürlich dasselbe zu. In diesem Sinne enthalten für Jaspers Aussagen wie die von der Personalität Gottes kein Wissen über Gott, sondern sind als »chiffriertes Selbstverständnis der Existenz« zu begreifen, wie Hommel treffend formuliert.[24] Nach Jaspers haben die »vermeintlich spezifischen Kategorien des Übersinnlichen« ihre Quelle ausnahmslos in der Immanenz, und ihre Übertragung auf Transzendenz bringt eine »fälschliche Erkenntnis« hervor. (NPL 19)

Letztlich steht hinter dieser Auffassung von Jaspers die kategorische Ablehnung des philosophischen Analogiegedankens, wie ihn Platon erstmals entwickelt hat. (Vgl. NPL 25 f.) Analogie ist für ihn »ein die Gottheit verschleierndes und beschränkendes Näherbringen, eine Abmilderung des Ernstes seiner Verborgenheit«. »Das Denken der Gottheit durch Analogie ist immer ihre Verweltlichung« (PGCO 75), heißt es in lakonischer Kürze.

Damit scheint aber der Rede von Gott als Ursprung des Personseins bei Jaspers keinerlei Erkenntniswert zuzukommen.

Wird unseren Aussagen über Gott aber nicht der geringste positive Erkenntniswert beigemessen, dann stellt sich die Frage, mit welchem Recht ich noch von der Existenz Gottes ausgehen kann. Denn die Existenz Gottes anzunehmen, setzt doch voraus, daß man irgendeinen Begriff, irgendeine positive Erkenntnis von diesem Gott hat. Und zuweilen scheint es so, als hätte Jaspers auch einen positiven Begriff von Gott, als würde er mit dem Satz: »Daß Gott ist, ist genug«, nun doch nicht absolut ernst machen. So wenn er davon spricht, daß Gott »kein werdendes Wesen sein kann, das noch erst zu sich kommen muß« (VE 110). Oder wenn er in seiner letzten Vorlesung von dem »ungeschichtlichen, unveränderlichen, ewigen Einen« spricht. (Ch 52) Läßt man einmal die Kategorie der Geschichtlichkeit als eine relativ moderne beiseite, so bleiben die drei klassischen Eigenschaften Gottes übrig, wie sie auch bei Thomas von Aquin philosophisch erörtert werden: die Unveränderlichkeit, die Ewigkeit und die Einheit. Natürlich handelt es sich hierbei zuerst einmal um Negationen. So negiert der Begriff der Unveränderlichkeit die Veränderung oder das Werden, der Begriff der Ewigkeit alle Zeitlichkeit und der Begriff der Einheit die Vielheit. Aber auch diese Negationen wollen doch letztlich etwas Positives ausdrücken, obschon dieses Positive als solches nicht von einem endlichen Geist erfaßbar ist. Jaspers scheint hier jedoch in der reinen Negation verharren zu wollen.

Die Gefahr, die mit einer solchen Position, wie sie Jaspers vertritt, verbunden ist, beschreibt Eduard Spranger sehr treffend: »Dann scheint der Platz auf der Seite ›Jenseits‹ wieder ganz leer zu werden; oder besser: Dort ist nichts, wovon der Mensch eine Ahnung, geschweige denn eine annähernd zutreffende Vorstellung haben könnte. Wir wären wieder bei dem ›Unbekannten Gott‹ – wohlbemerkt: aus Pietät.«[25]

Theodizee. Neben dem »formalen Transzendieren« und dem »Lesen der Chiffreschrift« kennt Jaspers die »existentiellen Bezüge zur Transzendenz«. Ich möchte hier einen dieser Bezüge herausgreifen, die Theodizeeproblematik.

Versuche, den Ursprung des Übels in der Welt und den Ursprung des Bösen im Menschen selber, genauer: in seiner Freiheit zu sehen, hat es zur Genüge gegeben. Aber Welt und Mensch sind nicht das Letzte. Liegt aber der Ursprung des Übels und des Bösen *vor* dem Menschen und *vor* der Welt, dann stehen wir vor dem Theodizeeproblem: Wie ist Gott angesichts des Unheils in der Welt zu rechtfertigen? Theodizeen sind in diesem Sinne »die Antworten auf die Frage nach den Übeln des Daseins, der unvermeidlichen Schuld, nach dem bösen Willen: wie konnte Gott in seiner Allmacht diese Welt so schaffen, daß er diese Übel und Ungerechtigkeiten zuließ, daß es das Böse gibt? Oder in weitem Sinne: Wie ist im Dasein das Wertnegative begreiflich?« (Ph III 75 f.)

Im Polytheismus wird das Widersprüchliche noch einfach hingenommen. Demgegenüber versuchen die radikalen Dualismen, eine einheitliche Grundauffassung »als Einheit von Zweien« zu denken. So beispielsweise der persische Dualismus (Zarathustra), der die Welt im ganzen als Schauplatz des Kampfes zwischen einem guten und einem bösen Prinzip versteht. Durch diese Lösung werden die Ungerechtigkeiten begreiflich. »Der Dualismus ist die verstandesmäßig einfache Lösung durch eine Verdopplung im Urgrund des Daseins.« (Ph III 77) Wie der Dualismus bietet auch die indische Karmanlehre eine verstandesmäßig eindeutige Lösung. »Was ich jetzt bin und erleide, mein Unheil und mein Glück, ist die Folge meiner Taten (karma) in meinen früheren Daseinsformen. Im gegenwärtigen Dasein erleide ich Strafe und Lohn und habe die Chance, durch mein gutes Handeln, das heißt: durch meine dem Gesetz dieser Daseinsform gemäße Lebensführung im nächsten Dasein in glücklicherer Gestalt wiedergeboren zu werden.« (PGO 325) Ebenfalls eine eindeutige Lösung offeriert schließlich auch die Prädestinationslehre. So liegt nach Calvin alles an Gottes Gnade und Ungnade. »Ich kann nicht das geringste dazu tun.« (Ch 32) Ich kann nur nach Symptomen suchen, die Aufschluß darüber geben, ob ich vielleicht zum Stand der Gnade bestimmt bin.

Alle diese Lösungen sind konsequent. Doch brauchen sie alle nicht hinterfragbare Voraussetzungen, die einfach Unterwerfung verlangen, damit aber die Freiheit des Menschen vernichten: daß es eine Seelenwanderung, ein gutes und ein böses Prinzip oder den »schrecklichen« Ratschluß Gottes gibt. Hiergegen aber steht das eigentlich Menschliche, das sich notwendig als Weg und Möglichkeit versteht.

Auch rationale Lösungen, wie sie etwa Thomas von Aquin und Leibniz versucht haben, die sowohl an der Güte Gottes wie auch an seiner Allmacht festzuhalten suchen, sind nach Jaspers nicht haltbar, denn auch diesen Versuchen haftet »der Übermut eines Begreifenwollens« an, »wo das Begreifen aufhört« (VdW 902). Es ist allerdings fraglich, ob Jaspers Thomas und Leibniz mit dieser Beurteilung gerecht wird. Denn es geht diesen beiden Denkern eben nicht um ein »Begreifen« der Theodizeeproblematik, sondern immer nur um ein »Verstehen«; der Geheimnischarakter wird damit gerade nicht angetastet.

Im biblischen Buch Hiob scheint Jaspers seinen eigenen Standpunkt wiederzuerkennen. Wenn er auch die Personalität Gottes nur als Chiffer gelten lassen will, so sieht er doch in dieser biblischen Geschichte die entscheidende Lösung der Theodizeefrage – nämlich: »das Aussprechen der Unlösbarkeit« (PGO 332).

»Hiobs Grunderfahrung ist: Gott antwortet nicht.« (PGO 340) Während die »Theologenfreunde« Hiob mit der »richtigen

Lehre« helfen wollen, sieht Hiob schließlich ein: Es gibt keine »Lösung«. Es bleibt letztlich das Geheimnis. Das Entscheidende ist gerade: Hiob vertritt *keine Lehre.* Zu begreifen ist nur die Unbegreiflichkeit. Der Gegensatz von Teleologie und Dysteleologie ist nicht im Sinne einer konsequenten Lösung aufzulösen. Es bleibt die Aporie. »Das Buch Hiob hat kein Ergebnis.« (PGO 384) Hiob begreift, daß man den Grund der Dinge nicht wissen, nicht erkennen kann. »Das ist nicht Niederschmetterung durch einen Donner«, schreibt Jaspers, »sondern der Appell, nein die Aufgabe des Menschen, in allem Wahrheitssuchen nicht in Trotz zu verfallen, sondern an der Grenze vor der Transzendenz etwas wie Hingabe, Sichbescheiden oder wie man es nennen will, zu vollziehen.« (Ch 31 f.) In der Theodizeefrage wird so noch einmal die entscheidende Position von Jaspers deutlich: Gott bleibt für ihn absolut transzendent.

8. Das Grundwissen der Philosophie: Die Periechontologie

Bei dem philosophischen Grundwissen geht es Jaspers nicht um objektive Seinsaussagen, sondern um die Eröffnung der Räume, in denen uns Sein entgegenkommt. Das will auch der Ausdruck »Periechontologie« zum Ausdruck bringen, der – abgeleitet von den griechischen Begriffen »periéchon« und »lógos« – die »Lehre vom Umgreifenden« meint.

Das Sein, das dem Gegensatz von Subjekt und Objekt noch vorausliegt, das sowohl Subjekt wie Objekt umgreift, begegnet uns nicht als solches. Es begegnet uns vielmehr in verschiedenen Weisen, die nach Jaspers selbst auch wieder den Charakter eines Umgreifenden haben.

Die Lehre vom Umgreifenden steht bei Jaspers im Rahmen eines größeren Programms, nämlich dem einer »Philosophischen Logik«. Das heißt, daß die Lehre vom Umgreifenden nicht Selbstzweck ist, sondern Ausgangspunkt für die Klärung des Wahrheitsbegriffs sein will. Jaspers sagt selbst dazu: »Der ganze Sinn des Gedankens des Umgreifenden wird erst am Ende bei den Erörterungen der Weisen der Wahrheit offenbar werden.« (VdW 122)

Die Lehre vom Umgreifenden entfaltet er ein erstes Mal in seinen Groninger Vorlesungen über *Vernunft und Existenz* von 1935 und in seinen Vorlesungen über *Existenzphilosophie*, die er 1937 in Frankfurt/M. gehalten hat. In dem monumentalen Werk *Von der Wahrheit* aus dem Jahr 1947 wird sie schließlich in aller Breite ausgeführt.

In der Schrift *Die geistige Situation der Zeit* von 1931 (vgl. GSZ 148-151) und auch in der *Philosophie* von 1932 (vgl. Ph III 215) gebraucht Jaspers den Begriff »Existenzphilosophie«, den er schon, wie er selbst bekennt, seit Mitte der zwanziger Jahre in seinen Vorlesungen verwendete, wobei er unter Existenzphilosophie das Philosophieren als solches, ausgesagt für das Heute, versteht. (Vgl. E 86 f.)

Auch wenn der Begriff der Vernunft im Werk von Jaspers erst ausdrücklich nach 1933 herausgehoben und in die Mitte des Denkens gestellt wird, so bedeutet das doch keine Konversion. »Die Sache ist in allen meinen früheren Schriften gegenwärtig und von jeher deren eigentliche Lebenskraft«, schreibt Jaspers. »Aber dies auszuarbeiten, wurde ich allerdings durch die Realitäten des Nationalsozialismus in Deutschland veranlaßt.« (Ant 829)

Zum Begriff der Vernunft gesellt sich schon bald ein weiteres Wort hinzu: der Begriff der »Weltphilosophie«. Hieraus wird bereits deutlich, daß die Etikettierung des Werkes von Jaspers als Existenzphilosophie zu kurz greift.

Die *Philosophische Logik* zielt letztlich auf die Frage, wie ich mein Wissen weiß. Es geht um das »Wissen des Wissens«, also um »das Wissen um die Weisen des Wissens« (VE 99). »Diese Logik ist nicht mehr zu beschränken auf die überlieferte formale Logik.« (VE 107) Vielmehr liegt eine Verwandtschaft zwischen der Philosophischen Logik, der transzendentalen Logik Kants sowie der metaphysischen Logik Hegels vor, wenn auch die Durchführung eine je verschiedene ist. Die Philosophische Logik ist in diesem Sinne »das allein noch mögliche Analogon der Summa«. Gemeinsam hat sie mit der mittelalterlichen Summa »das Bewußtsein des Ganzen«. Aber dieses Ganze ist nur ein Ganzes der Form der Mitteilbarkeit nach. (Vgl. VE 107 f.) Der Sinn dieser Logik ist zuerst einmal ein negativer, sofern sie als solche keinen Gehalt hervorbringt. Aber gleichzeitig ist ihr Sinn immer auch ein positiver, sofern sie den Raum sichert für jeden möglichen Gehalt. (Vgl. VE 108)

Was Gegenstand für mich ist, ist ein bestimmtes Sein. »Dieses steht in Bezug auf anderes, von dem es unterschieden ist, und auf mich, dem es als gedacht gegenübersteht.« (VdW 37) Damit ist klar: Ein bestimmtes Sein ist nicht alles, und es ist auch nicht das Ganze. Darum gilt umgekehrt: »Das Sein selber ist nicht als Gegenstand aufzeigbar.« (VdW 37)

Es sind in der Geschichte der Philosophie immer wieder Versuche unternommen worden, das Sein als ein bestimmtes zu denken: als Naturgesetz, als Materie, als Energie, als Geist, als Leben, als Geschichte (Werden) oder als das Schöpferische. Doch haben wir damit nicht »das Sein« erreicht, vielmehr wird hier eine Weise des Seins, die selbst im Ganzen des Seins vorkommt, verabsolutiert zum Sein selbst. Das Sein wird so als etwas erfaßt, das mir als Gegenstand gegenübersteht. Es ist aber gegenständlich nicht greifbar, denn das Sein geht noch jeder Spaltung in Subjekt und Objekt voraus. Es geht also um das, was Grund aller Gegenständlichkeit, selber aber nicht Gegenstand ist. Jaspers macht in diesem Zusammenhang auf die Nähe zu Kants transzendentalem Denken aufmerksam. (Vgl. Ent 40)

»Was immer das Wissen in die Hand bekommt«, schreibt Jaspers, »es erweist sich: das Sein, das ich weiß, ist nicht das Sein an sich und nicht das Sein, das ich selber bin. Es ist für unser Wissen kein Halt in irgendeinem bestimmten Sein. Es ist vielmehr, als ob das Sein zurückweiche vor dem zugreifenden Wissenwollen und uns in Gestalt von Gegenständen immer nur gleichsam Reste und Spuren von sich in der Hand ließe. Kein gewußtes Sein ist *das* Sein.« (VdW 37)

Unser Wissen bewegt sich stets in einem bestimmten Horizont. Das, was für uns Gegenstand ist, erscheint in einem »relativ Ganzen unserer Welt«. Aber, und das ist eine wichtige Einsicht:

»Jeder Horizont schließt uns ein; er versagt den weiteren Ausblick. Daher drängen wir über jeden Horizont hinaus. Doch wohin wir auch kommen, der Horizont, der ständig das jeweils Erreichte einschließt, geht gleichsam mit. Er ist immer neu wieder da und zwingt, weil er nur Horizont und nicht Abschluß ist, jedes endgültige Verweilen aufzugeben. Niemals gewinnen wir einen Standpunkt, auf dem der begrenzende Horizont aufhörte und von dem aus ein nun horizontlos geschlossenes, daher nicht mehr weiter weisendes Ganzes überblickbar würde. [...] Das Sein bleibt für uns *ungeschlossen*: es zieht uns nach allen Seiten ins Unbegrenzte. Es läßt immer wieder Neues als jeweils bestimmtes Sein uns entgegenkommen.« (VdW 37 f.)

Was ist also das Sein? Wir können es durch zwei Aussagen negativ bestimmen: Das Sein ist nicht Gegenstand, und es ist kein in einem Horizont gestaltetes Ganzes. Aus diesem Grunde bezeichnet Jaspers das Sein als das Umgreifende. »Das Umgreifende ist also das, was sich immer nur *ankündigt* [...], das aber nie Gegenstand und Horizont wird. Es ist das, was nicht selbst, sondern worin uns alles andere vorkommt.« (VdW 38) »Das Umgreifende selbst ist kein Gegenstand; in ihm ist jeder Gegenstand.« (NPL 360)

Die Philosophie sucht dieses Umgreifende. Als Umgreifendes aber können wir es nicht erfassen wie einen Gegenstand. Vielmehr werden wir seiner nur inne »als Grenze«. Denn wir sind ständig in der Subjekt-Objekt-Spaltung wie gefangen; wir können nicht aus ihr heraus. »Wir können uns denkend drehen und wenden, wie wir wollen, immer sind wir in dieser Spaltung auf Gegenständliches gerichtet, sei der Gegenstand die Realität unserer Sinneswahrnehmung, sei es der Gedanke idealer Gegenstände, etwa Zahlen und Figuren, sei es ein Phantasieinhalt oder gar die Imagination eines Unmöglichen. Immer sind Gegenstände als Inhalt unseres Bewußtseins äußerlich oder innerlich uns gegenüber.« (Einf 25)

Den Überstieg vom Seienden zum Umgreifenden nennt Jaspers die »philosophische Grundoperation«. Es handelt sich hierbei um einen »einfachen, aber unendlich folgenreichen Gedanken«. »Mit ihm befreien wir uns aus der Fesselung unseres Seinsbewußtseins an ein bestimmtes Wissen.« (VdW 39) Jaspers beschreibt diesen Gedanken auch als einen »*sich selbst überschlagenden Gedanken*«, da wir hier einen Gedanken vollziehen, »in dem uns kein Gegenstand bleibt« (VdW 40). Das aber scheint unmöglich, da unser Denken immer gegenständlich ist.

Versuche ich, das Umgreifende zu erhellen, so spaltet es sich nach Jaspers in die *Weisen* des Umgreifenden: »Das Umgreifende ist entweder das Sein, das *alles* ist, in dem und durch das wir sind. Oder es ist das Sein, das *wir selbst* sind, und worin uns jede bestimmte Seinsweise, auch alles Weltsein, vorkommt.« (VdW 47) Es zeigen sich hier also zwei entgegengesetzte Perspektiven, in denen uns das Umgreifende gegenwärtig ist, eine von der Objektseite und eine von der Subjektseite her.

Auf der Objektseite haben wir: Welt und Transzendenz; auf der Subjektseite: Dasein, Bewußtsein überhaupt, Geist und Existenz. Die Vernunft bezeichnet Jaspers schließlich als das *Band* der Weisen des Umgreifenden. (Vgl. VdW 48)

Man kann die Weisen des Umgreifenden auch in immanente und transzendente einteilen. Hiernach sind Transzendenz und Existenz die transzendenten, die übrigen die immanenten Weisen. (Vgl. VdW 49)

Wir sehen, es gibt verschiedene Weisen des Umgreifenden. Mehr noch: In allen diesen Weisen tritt wiederum eine Vielfalt auf. Doch dieses Nebeneinander bringt Unruhe. Die Vernunft, so wird sich zeigen, ist der Versuch, in dieser Vielfalt doch letztlich Einheit zu erfassen und auch zu bewirken. (Vgl. VdW 50)

Wenn auch die Zahl der Weisen des Umgreifenden zufällig wirkt, so ist sie Jaspers zufolge dennoch nicht willkürlich; der

Grund der Entfaltung ist zwar keine Ableitung – gegen eine solche erklärt er sich ausdrücklich –, aber »die Hinnahme des Erfahrenhabens« (Ant 797). Es gibt nach Jaspers kein Seinsprinzip, aus dem alles, was ist und sein kann, abgeleitet werden könnte. »Das war der vergebliche Traum der großen spekulativen deutschen Idealisten (Fichte, Hegel, Schelling).« (Ant 797)

»Alles aber, was für uns ist und was wir sind, kommt nur in diesen Weisen des Umgreifenden oder durch sie uns zur Erscheinung.« (VdW 124) Warum nennen wir die jeweilige Weise des Umgreifenden aber selbst immer noch umgreifend? »Das Umgreifende, in welcher Weise wir es uns auch erhellen, ist *jedesmal in einem Sinne alles.*« (VdW 124) In diesem Sinne kann man sagen: Alles ist Dasein oder im Dasein; alles ist für das Bewußtsein überhaupt; alles ist Geist; alles ist Existenz; alles ist Welt; alles ist Transzendenz. »Von jedem Umgreifenden läßt sich ausgehen als dem ersten, und in ihm lassen sich dann die anderen Umgreifenden antreffen.« (VdW 124)

Das Umgreifende, das wir sind – und das ist die entscheidende Entdeckung Kants –, ist nicht ein Etwas in der Welt, ist selbst nicht gegenständlich. Vielmehr ist es das, worin uns alles andere vorkommt. »Wir möchten gleichsam über uns hinaus, außerhalb unserer selbst stehen, um uns zusehend erst zu sehen, was wir sind«, schreibt Jaspers, »aber in diesem vermeintlichen Zusehen sind und bleiben wir immer zugleich in das gebannt, das wir wie von außen sehen möchten.« (VE 38)

Es ist nicht möglich, das eine Umgreifende aus einem anderen oder alle aus einem Übergeordneten abzuleiten. Die verschiedenen Umgreifenden sind vielmehr die Räume, in denen wir das Sein und uns selber finden. (Vgl. VdW 124 f.)

Das Umgreifende der Welt erscheint uns in der Objektivierung; ebenso das Umgreifende, das wir selber sind. Aber als diese Erscheinungen sind sie nicht mehr das Umgreifende. (Vgl. VdW

133) »Das Umgreifende scheint Forschungsobjekt zu werden. Die uns fremde Welt wird als Natur Gegenstand der Erforschbarkeit. Das Umgreifende, das wir selber sind, Dasein, Bewußtsein, Geist werden als empirische Gegenstände in der Welt Sache von Biologie, Anthropologie, Psychologie, Soziologie, Geisteswissenschaften. Aber jedesmal wenn wir etwas als Forschungsgegenstand vor uns haben, ist dieser nicht mehr das Umgreifende, sondern eine Erscheinung des Umgreifenden, ein Etwas in der Welt.« (VdW 154 f.)

Mit den eigentlichen »Gegenständen« der Philosophie, der Existenz und der Transzendenz, haben wir schon die beiden entscheidenden Weisen des Umgreifenden thematisiert. Und im zweiten Kapitel haben wir auch schon von der Welt als Grenzbegriff oder Idee gesprochen. Es bleibt also hier nur noch, die drei weiteren Weisen des Umgreifenden auf der Subjektseite näher zu erörtern: Dasein, Bewußtsein überhaupt und Geist sowie den Begriff der Vernunft.

Das Dasein als umgreifende Wirklichkeit meint nicht ein bestimmtes Etwas in Raum und Zeit – in diesem Sinne wäre Dasein alles, was mir in der Welt leibhaftig begegnet, sondern folgendes: »Alles, was für mich wirklich ist und was ich bin, muß auch in irgendeinem Sinne daseinswirklich als mein eigenes Dasein werden; so muß es wirklich werden auch in der ständig fühlbaren Gegenwart meines Leibes, in den Weisen, wie dieser Leib getroffen, wahrnehmend, selber verwandelt wird.« (VdW 54 f.) Dasein ist in diesem Sinne die umgreifende Wirklichkeit, »in die alles eintreten muß, was immer sei, um für mich zu sein« (VdW 55).

Das Bewußtsein überhaupt ist das Medium der Wissenschaft. »Wir sind Bewußtsein überhaupt als *das in allem eine und gleiche Bewußtsein*, mit dem wir auf das gegenständlich gewordene Sein, auf identische Weise es meinend, wahrnehmend, fühlend, gerichtet sind derart, daß uns in jedem seiner Akte ein Allgemeingültiges aufleuchtet.« (VdW 65) Als solches Bewußtsein sind wir »ein grenzenlos Umgreifendes« (VdW 66). Denn nur das, was in unser Bewußtsein tritt, also Gegenstand wird, ist Sein für uns.

»Geist ist das Umgreifende, das wir als Wesen sind, welche in der Bewegung des Verstehens und Verstandenwerdens Ganzheit verwirklichen sowohl in der Innerlichkeit wie als eine von ihm durchdrungene Welt.« (VdW 71) Dieses Ganze ist Idee. Hier denkt Jaspers ganz im Sinne Kants: »Die Idee ist nur durch *Bewegung* ihrer Verwirklichung.« (VdW 71) Objektivierbar ist Geist als Sinngebilde. Aber dann ist er nicht mehr das Umgreifende. »Geist versteht sich und die Welt im gegenständlich gewordenen Werk: im Werk des Gedankens, der Kunst, der Dichtung; in Institutionen, Gesetzen und Verfassungen; in Berufen; in Sitten und Lebensordnungen.« (VdW 76) Geist ist jedoch nicht mit diesen Objektivierungen identisch. Ganz allgemein gilt: Die Weisen des Umgreifenden sind nicht objektivierbar; was objektivierbar ist, ist schon nicht mehr das Umgreifende.

Das eine Sein ist als solches nicht erhellbar, sondern nur über die verschiedenen Weisen »berührbar«. Ist das eine Sein also immer schon für uns in verschiedene Weisen zerspalten, so müssen wir doch wieder versuchen, auf die Einheit hin zu denken. Das Vermögen, das diese Einheit sucht, ohne aber dabei eine schlechte Vereinheitlichung zu suchen, ist die Vernunft. Sie stellt darum das eigentliche Medium der Philosophie dar, ja sie ist mit der Philosophie identisch. Die Vernunft kann also als »das Band aller Weisen des Umgreifenden in uns« (VdW 113) bezeichnet werden. Das heißt, daß die Vernunft durch die Vielfachheit hindurch wieder zur Einheit zu gelangen sucht. Sie ist »das Verbindende« (VdW 114), der »Wille zur Einheit« (VdW 118).

Ein weiteres Charakteristikum der Vernunft ist nach Jaspers ihre Tendenz gegen jede Verabsolutierung. »Vernunft ist in Bewegung ohne gesicherten Bestand. Sie drängt zur Kritik jeder gewonnenen Position, steht daher im Gegensatz zu der Neigung, sich durch endgültig feste Gedanken vom weiteren Denken zu befreien.« (VWZ 33) In diesem Sinne zerschlägt Vernunft die Enge, löst sie jeden Fanatismus auf. Schließlich ist Vernunft gekennzeichnet durch eine »grenzenlose Offenheit« (VWZ 34). Mit Salamun kann man die Vernunft darum zu Recht als synthetisches, dynamisches und universales Prinzip charakterisieren.[26]

Jaspers hat seine Groninger Vorlesungen von 1935 mit *Vernunft und Existenz* überschrieben. Koprek[27] sieht in diesem Titel einen Schlüssel zum Verständnis von Jaspers, denn er verbindet die Philosophische Logik mit der Existenzphilosophie. »Die Grenze der Vernunft«, schreibt Jaspers, »liegt nach der einen Seite in der Daseinsrealität, die ihr gegeben wird als vernunftfremd, und nach der andern Seite in der Wirklichkeit, die ihr als Existenz ins Grenzenlose vernünftig erhellbar gegeben wird. Von dieser Existenz wird die Vernunft selber getragen, während Existenz durch Vernunft erst zur vollen Wirklichkeit kommt. Vernunft und Existenz sind untrennbar.« (VWZ 46 f.)

Die Philosophie des Umgreifenden ist nach Jaspers »der bisher weitestgehende Versuch der Befreiung«. »Er erzwingt, unter Verwerfung jeder totalen Ableitung, die Aufgeschlossenheit und Unabschließbarkeit unseres Seinswissens, die grenzenlose Möglichkeit.« (VdW 184)

Schließt sich ein Umgreifendes in sich, so kommt es zu falschen Verabsolutierungen: Das bloße Dasein führt zum Naturalismus, der bloße Verstand zum Rationalismus, der bloße Geist zum Idealismus, das bloße Weltsein zum Positivismus, die bloße Existenz zum Existentialismus, die bloße Transzendenz zum Akosmismus. (Vgl. VdW 165) Alle Weisen des Umgreifenden haben in sich eine Tendenz zur Isolierung, wohinter letztlich Daseinsantriebe stehen. Demgegenüber fordert Jaspers, in allen

Weisen des Umgreifenden und ihren Spannungen gegenwärtig zu bleiben, anderenfalls würde ich mich »in der Tiefe meiner Möglichkeit auslöschen« (VdW 166).

Während Ontologie glaubt, ein Wissen vom Sein selber für die Erkenntnis geben zu können, eröffnet uns die Periechontologie den Raum, »in dem alles stattfindet, was Wesen hat« (VdW 187). Das heißt, daß Philosophie nicht bis zu dem Einen vordringt. »Alles Philosophieren bleibt in der Vorhalle. Aber die Bewegung des Philosophierens geht auf dieses Eine hin, und es weiß sich, wo es sinnvoll ist, unter Führung dieses Einen.« (VdW 185)

Das philosophische Grundwissen erkennt also keinen Gegenstand, sondern erhellt nur die Räume, Ursprünge und Möglichkeiten, aber ohne jeden Abschluß. Es geht hier nicht um ein »ontologisches Totalwissen«, das sich abschließt, sondern um ein »orientierendes Wissen« (PGO 306).

Sind diese Gedanken neu? Jaspers verneint dies, wenn er meint: »Mein Grundgedanke in seiner Verzweigung ist nur scheinbar neu. Er kann nicht eigentlich neu sein, denn ich habe mein Leben in dem Bewußtsein des Findens der uralten Wahrheit verbracht.« (VdW 192) Dementsprechend versteht er sein Denken als »die natürliche und notwendige Konklusion des bisherigen abendländischen Denkens« (VdW 192). Aber deutet das nicht doch in Richtung eines »absoluten Standpunktes«, den Jaspers ja gerade zu vermeiden sucht?

In der Idee des philosophischen Grundwissens sieht Jaspers einen »clavis clavium«, einen »Schlüssel zur Schatzkammer«, wie er selbst sagt. Es ist für ihn »das logische [...] Mittel, alle Magie loszuwerden« (A/J 631). Daß diese Idee aber kaum positive Reaktionen hervorgerufen, sondern – wenn überhaupt – nur Kritik herausgefordert hat, macht ihn schließlich selbst unsicher. In einem Brief an die Schülerin Hannah Arendt heißt es dazu: »Niemand reagierte auf diese Gedanken, auch nicht in Seminarien. Dann wird man unsicher. Bin ich einem Spleen verfallen?« (A/J 631) Dabei setzt die Kritik weniger bei dem Grundgedanken als solchem ein, sondern vielmehr bei den verschiedenen Weisen des Umgreifenden, die letztlich den Eindruck der Willkür und Ungleichwertigkeit doch nicht aus dem Wege räumen können.

9. Die Wahrheit der Philosophie

In der *Philosophischen Logik* will Jaspers philosophisch zur Klarheit bringen, was Wahrheit ist. Daß Wahrheit überhaupt zum Problem wird, liegt daran, daß wir nicht unmittelbar im Sein leben, sondern im Zeitdasein, Wahrheit also nicht unser fertiger Besitz wird, sondern vielmehr unser Weg ist.

»Wir verhalten uns, als ob es ein bestehendes Reich der Wahrheit, das eine Gültige, gäbe, dessen wir uns nur zu bemächtigen haben: die Wahrheit ist schon da, ist nur zu finden, ist an sich unwandelbar. Es wird offenbar, was recht sei, was wirklich sei. Wir hören und sprechen Wahrheiten aus, die uns fraglos sind. Wir haben das Vertrauen, die Wahrheit werde sich in der Welt schon durchsetzen.« (VdW 33) Doch in dem Augenblick, wo wir nach dem Wesen des Wahrseins fragen, beginnt die Verwunderung. »Bis dahin lebenbeherrschende und als solche unbezweifelte Wahrheiten erweisen sich als falsch. In dem Tumult der in der Welt gegeneinander stehenden Behauptungen scheint alle Geltung, die absolut sein wollte, zu versinken. Was wir für Wahrheit hielten, setzt sich keineswegs in der Welt durch. Das bestehende Reich der Wahrheit löst sich auf zugunsten eines sich wandelnden Behauptens der ihr Dasein jeweils durchsetzenden Menschen.« (VdW 33)

Aber bieten nicht wenigstens die Wissenschaften mit ihrer zwingenden Richtigkeit ein Reich unwandelbarer Wahrheiten? Ist es nicht gerade diese Richtigkeit der Wissenschaften, die uns in ihrer Allgemeingültigkeit verbindet? Diese Richtigkeit aber eint uns nicht im ganzen als wirkliche Menschen, sondern immer nur als Verstandeswesen. Denn es gibt nicht nur den Verstand auf der einen Seite und das Irrationale – Gefühl, Subjektivität, Instinkt – auf der anderen. Diese Zweiteilung schließt Möglichkeiten aus. Wahrheit ist demgegenüber »unendlich mehr als wissenschaftliche Richtigkeit« (RA 416).

Die Wahrheit des Bewußtseins überhaupt, die den Raum der Wissenschaften ausmacht, ist nicht alle Wahrheit, sie ist nicht die Wahrheit schlechthin, und sie ist auch nicht die uns wesentliche Wahrheit. Wahrheit erwächst vielmehr aus allen Weisen des Umgreifenden. »Aus jeder Weise des Umgreifenden, das wir sind, nicht nur aus dem Bewußtsein überhaupt, dem die zwingende Einsicht zugehört, sondern aus Dasein, Geist und Existenz erwächst ein eigentümlicher Wahrheitssinn.« (E 29) Es gibt also eine Vielfalt der Wahrheit. So wie das Sein in jeder Weise des Umgreifenden einen eigentümlichen und unterschiedenen Sinn hat, so auch die Wahrheit. »Wir werden der Wahrheit nur inne, wenn wir in jedem Umgreifenden sie erfahren und keine ihrer Weisen auslassen.« (VE 58)

Allerdings werde ich mich hier nur mit der Wahrheit des Umgreifenden, das wir sind, beschäftigen, denn von der Wahrheit des Umgreifenden, das das Sein selbst ist – also: Welt und Transzendenz –, kann man nur im übertragenen Sinne sprechen. (Vgl. VdW 624 ff.)

Die Wahrheit des Daseins besitzt weder Allgemeingültigkeit noch zwingende Gewißheit. Hier gilt vielmehr der Satz: *»Wahr ist*, was Dasein (Leben) fördert, was nützt; unwahr ist, was es schädigt, einschränkt, lähmt.« (E 29) Dem Dasein geht es primär um seine Erhaltung und sein Glück. Es ist dies der Wahrheitsbegriff des Pragmatismus. Wahrheit liegt hier nicht in einem Bestehenden, Wißbaren oder Unbedingten, sondern in dem, was die jeweilige Daseinssituation erfordert. Die Wahrheit des Daseins verändert sich mit dem Dasein selbst. Für Dasein ist Wahrheit darum immer veränderlich und relativ. (Vgl. VdW 608 f.)

Die Wahrheit des Bewußtseins überhaupt wurde schon ausführlich im Zusammenhang der Wissenschaft erörtert und braucht darum hier nicht noch einmal eigens thematisiert zu werden.

Die Wahrheit des Geistes bedeutet »*Teilnahme* an der Idee« (VdW 614), denn wo Geist ist, sind Ideen lebendig. Ganz allgemein gilt hier: »*Wahr ist*, was Ganzheit bewirkt.« (E 30)

Fassen wir zusammen: Als Bewußtsein überhaupt denken wir das zwingend Richtige, als Dasein das Fördernde und Bedrohende, als Geist das Ganzheit Bewirkende. Aber damit ist noch nicht aller Wahrheitssinn erschöpft. Denn es ist noch nicht die Wahrheit erreicht, für die ich leben und sterben kann. Diese Wahrheit liegt noch eine Schicht tiefer – in der Existenz.

Wie wir gesehen haben, ist Existenz notwendig auf Transzendenz bezogen. Diese Beziehung drückt sich aus in dem, was Jaspers philosophischen Glauben nennt. Existenz erfährt Wahrheit in diesem philosophischen Glauben. (Vgl. E 32) Existenz, so wurde auch schon deutlich, ist wesentlich ausgezeichnet durch Freiheit. Wahrheit der Existenz muß darum einen ganz anderen Sinn annehmen als die Wahrheit des Bewußtseins überhaupt. Denn »gewiß wissen wollen, was absolut ist, wie Mathematik und empirische Wissenschaften wissen, heißt sich der Freiheit berauben« (NPL 388). Während wissenschaftliche Wahrheit für jedermann und auch ohne mich schlechthin dasselbe ist, bedeutet existentielle Wahrheit »ein Teilnehmen und Vollziehen in meinem Sein als Freiheit« (NPL 388).

»Die Wahrheit der Existenz hat ihren geschichtlich je einmalig bestimmten Gehalt, ist nicht übertragbar und nicht vertretbar.« (VdW 621) Wahrheit ist also nicht nur mehrdimensional in dem Sinne, daß die Wahrheit des Daseins eine andere ist als die des Bewußtseins überhaupt oder die des Geistes oder die der Existenz. Sondern es geht auch darum, daß die Wahrheit der Existenz eine jeweils andere ist bzw. sein kann.

»Die radikale Verschiedenheit des Wahrheitssinns«, schreibt Jaspers, »zeigt sich eindringlich an dem Unterschied der Wahrheit, deren Bestand mein Wesen nicht betrifft, die ich zwar mit meinem Verstande anerkenne, die aber zu bekennen sinnwidrig wäre, und der Wahrheit, die nur ist, wenn ich ihr durch mein Leben entspreche, die ich ›bekenne‹, wenn sie meine Wahrheit ist, und die mit dem Ausbleiben des Bekennens selber verschwindet.« (VdW 651) Jaspers verdeutlicht dies an einem Vergleich zwischen Galilei auf der einen und Sokrates und Bruno auf der anderen Seite: »Galilei stellte nicht die Richtigkeit seiner astronomischen Einsicht in Frage, wenn er unter Zwang sie verleugnete, wie er umgekehrt durch ein Bekenntnis sie nicht wahrer gemacht hätte. Sokrates und Bruno starben für ihre philosophische Wahrheit, weil sie mit ihnen identisch war: durch ihren Tod ist eine Wahrheit vollendet worden.« (VdW 651) Das Leben wird so für das philosophische Denken zur spezifischen Verifikation. (Vgl. WPh 123)

Jaspers behauptet weder eine absolute Wahrheit, noch zweifelt er an allem Wahrsein. Das eine Wahrsein ist uns nur gegenwärtig in der Gesamtheit vielfachen Wahrheitssinnes. »Die Wahrheit« ist nur in der Transzendenz. Das Wahre schlechthin ist mir damit aber unerreichbar, denn die Transzendenz ist absolut verborgen.

Wir können die ganze Wahrheit nur dadurch zu erreichen suchen, daß wir uns alle Weisen des Umgreifenden vergegenwärtigen, keine auslassen. Die entscheidende Einheit aller Weisen der Wahrheit ist nirgends vollendet. Wahrheit ist in der Zeit nirgends ganz und absolut. (Vgl. VdW 453) Es gibt Wahrheit nicht als Bestand und System, sondern immer nur als Weg und Aufgabe. Der Mensch ist und bleibt der Sucher der Wahrheit! Das letzte Wort heißt darum: Scheitern. Der Mensch lebt letztlich – wie es auch der christliche Existenzphilosoph Peter Wust[28] formuliert hat – in *Ungewißheit und Wagnis*. Aber das darf uns nicht resignieren lassen. Wir sollten vielmehr gerade darin die Chance unseres Menschseins sehen.

Die Einsicht in die Mehrdimensionalität des Wahrheitssinnes verdeutlicht so noch einmal auf neue Weise das Wesen der Philosophie. Philosophie unterscheidet sich wesentlich von Wissenschaft; sie ist immer mehr als Wissenschaft. Während die Wahrheit des Bewußtseins überhaupt keine Wahrheit ist, für die zu sterben sinnvoll wäre, da diese Wahrheit unabhängig von dem gilt, was ich bin und tue, ist philosophische Wahrheit nicht unabhängig von mir. Denn ich bin diese Wahrheit, indem ich sie in der Existenz, bezogen auf Transzendenz, vollziehe.

Jaspers geht es aber nicht nur um die Mehrdimensionalität der Wahrheit, sondern ebenso um ihren kommunikativen, also nichtdogmatischen Charakter. Wahrheit ist in ihrer Tiefe kommunikativ. (Vgl. VE 74) Mit diesem Verständnis knüpft er an das Wort Nietzsches an: »Einer hat immer Unrecht: aber mit zweien beginnt die Wahrheit.«[29] Ähnlich formuliert es auch Jaspers selbst: »Die Wahrheit beginnt zu zweien.« (PhW 12) Oder: »Wahrheit ist, was uns verbindet.« (PGO 150) »Eine Philosophie, die Wahrheit und Kommunikation als ein und dasselbe faßt«, kommentiert Hannah Arendt diese Stelle, »hat den sprichwörtlichen Elfenbeinturm bloßer Betrachtung verlassen. Denken wird praktisch, wenn auch nicht pragmatisch.«[30] Philosophie wird so zur »*ancilla vitae*« in dem Sinne, »daß die Philosophie ihrer Herrin das Licht voran, nicht ihre Schleppe hinterher trage« (Ant 755).

Jaspers verwendet das Wort Kommunikation zwar schon in seinen ersten Werken, so in der *Allgemeinen Psychopathologie*, um das Verhältnis von Heilendem und Patienten zu beschreiben (vgl. APs 666), ebenso in der *Psychologie der Weltanschauungen* (vgl. PsW 51), aber erst in der *Philosophie* und in der *Philosophischen Logik* bekommt das Wort seine entscheidende Bedeutung.

Wir haben im vierten Kapitel davon gesprochen, daß der Ursprung der Philosophie für Jaspers auf die Erfahrung der Grenzsituationen zurückzuführen ist. Aber zuletzt, so heißt es in seiner *Einführung in die Philosophie*, liegt dieser Ursprung »in dem Willen zur eigentlichen Kommunikation« (Einf 23). Das muß sich nun nicht widersprechen. Die Grenzsituationen lassen zum Menschsein erwachen, und Philosophie ist in diesem Sinne nichts anderes als dieses Erwachen zum Menschsein. Aber Philosophie ist immer auf Kommunikation angelegt, denn sie sucht letztlich Wahrheit.

Wo die eine Wahrheit als allgemeingültig für alle behauptet wird, da setzt nach Jaspers die Unwahrhaftigkeit ein. Denn hier herrscht der alle Kommunikation abbrechende Fanatismus vor. Demgegenüber fordert Jaspers die »Haltung grenzenlosen Kommunikationswillens« (VE 80).

»In der Zeit die Vollendung und die Lösung zu fordern oder auch nur das Bild der Lösung, wäre die Aufhebung der Aufgabe des immer nur in Kommunikation selbstwerdenden Menschen. Es kommt darauf an, die Möglichkeiten des eigentlichen Menschwerdens nicht vorwegnehmend abzuschließen.« (VE 81)

Wie sieht nun die Kommunikation im jeweiligen Fall aus? Daseinskommunikation ist Interessengemeinschaft in frugloser Einmütigkeit. Tauchen abweichende Interessen auf, so wird nach Kompromissen gesucht. Wenn diese auch nicht mehr möglich sind, folgt auf den Abbruch der Kommunikation »der Kampf mit allen Mitteln« (VdW 609).

»Die Kommunikation des *Bewußtseins überhaupt* ist die der beliebig vertretbaren, unter sich nicht ähnlichen, sondern übereinstimmenden Punkte des Bewußtseins, die in der Spaltung des Wißbaren [...] durch das Mittel aller logischen Kategorien die

Allgemeinheit des für jedermann Gültigen verneinend und bejahend ergreifen.« (VE 62) Hier gilt zwingende Richtigkeit, die jeder einsehen muß, der sie versteht.

Die Kommunikation des Geistes steht unter einer gemeinsamen Idee. Jaspers veranschaulicht das Leben der Idee an der Erfahrung in Diskussionen:

»Nehmen wir an einer Diskussion teil, so machen wir wohl die Erfahrung, daß Richtigkeit auf Richtigkeit gesagt wird, und daß doch keine Wahrheit zur Erscheinung kommt; oder daß der eine Partner sich offensichtlich müht, das zu seiner Intention gehörige Richtige zu finden, während der Andere beliebig und zufällig Einwürfe und Feststellungen macht, die, ohne beizutragen zur Erscheinung jener noch dunklen Wahrheit, endlos fortgehen könnten. So machen wir die Erfahrung, daß wir mit manchen Menschen immer nur in Diskussionen kommen, in welchen jene endlose Beliebigkeit sich entwickelt, in der doch lauter Richtigkeiten gesagt werden können, und daß es mit anderen Menschen uns gelingt, in eine Kommunikation der Idee zu treten. Man versteht sich dann mit einer im Gegensatz zu jener anderen Erfahrung überraschenden Schnelligkeit. Trotz fortdauernden Suchens und Nichthabens ist es wie ein stetiger Kontakt von Mensch zu Mensch durch die Idee.« (VdW 611)

Beim Dasein geht es um Kampf oder Interessenidentität, beim Bewußtsein überhaupt um Gründe, beim Geist steht alles unter der Führung der Idee. Mit diesen drei Weisen der Kommunikation ist aber noch nicht das berührt, was den Menschen eigentlich ausmacht. Erst als Existenz spricht der Mensch als er selbst. Und in der Begegnung von Existenz und Existenz findet immer auch Selbstwerdung statt. Nur mit dem anderen kann ich ich selbst werden. (Vgl. Ph II 58)

Salamun nennt im Anschluß an Jaspers' Darlegungen vier Voraussetzungen für eine gelingende existentielle Kommunikation und damit für Selbstwerdung insgesamt: 1. das Wagnis einsamer

Selbstbesinnung und eigenständiger Selbstreflexion, 2. eine vorbehaltlose gegenseitige Offenheit, 3. ein uneigennütziges Engagement für den anderen und 4. die Anerkennung der prinzipiellen Gleichrangigkeit des anderen.[31] Aber die Erfüllung dieser Voraussetzungen garantiert noch nicht das Gelingen existentieller Kommunikation und damit Selbstwerdung. Sie sind nur notwendige, aber noch keine hinreichenden Bedingungen. Denn es liegt nicht allein an mir, ob diese Kommunikation wirklich wird: »Es muß das Tun des Anderen entgegenkommen.« (Ph II 57) Und zudem steht alles Existentielle außerhalb der Objektivitäten, die ich zweckhaft wollen oder nicht wollen kann. Es handelt sich bei der existentiellen Kommunikation und der Selbstwerdung um Dinge, die wir nicht herstellen und machen können.

Jaspers verdeutlicht das schön am Beispiel vom Finden eines Freundes. Ein Freund kommt einem nicht zu wie materielle Güter. Die Aufnahmebereitschaft ist hier nicht selbstverständlich und das Fehlen des Freundes nicht zu vergleichen mit dem Mangel einer Sache. Vielmehr ist das Finden des Freundes in der möglichen Existenz begründet. »Es bereitet sich in der Erscheinung gleicherweise vor durch Wagen der Kommunikation wie durch die Scheu, zu antizipieren, durch die Redlichkeit, eine bloß gesellige Berührung in der Solidarität gemeinsamer Vergnügungen und Interessen nicht zu verwechseln mit Kommunikation. Es bereitet sich auch vor durch das frühe leidvolle Ertragen der Einsamkeit, ein Sichbewahren und Wartenkönnen. Das Gegenteil von all dem hindert den Ursprung wahrer Kommunikation. Diese wird unmöglich durch das Herankommen mit objektiv fixierten Idealen.« (Ph II 59)

Mögliche Existenz wird nur in Kommunikation wirklich. Als sich isolierende bleibt Existenz immer hinter ihrer eigentlichen Möglichkeit zurück, verwirklicht sie nicht ihr eigentliches Wesen. Denn der Mensch ist wesenhaft auf andere Existenz bezogen.

Aber diese Bezogenheit ist natürlich keine absolute. Kommunikation findet zwar zwischen zweien statt, die sich verbinden, und doch müssen sie immer auch zwei bleiben. (Vgl. Ph II 61) Jaspers spricht darum von einem »liebenden Kampf«: Es geht hier nicht um Macht und Überlegenheit wie im Daseinskampf, sondern um »restlose Offenheit« (Ph II 65).

10. Philosophie und Fortschritt: Die Technik

»Die zeitgenössische Philosophie«, schreibt die Kulturphilosophin und Jaspers-Schülerin Jeanne Hersch, »hat, wie mir scheint, etwas versäumt: Sie hat über die Fortschritte der Wissenschaft und der Technik weder tief genug noch genau genug nachgedacht. Entweder aus Überheblichkeit oder aus Minderwertigkeitsgefühlen hat sie nicht genügend dazu beigetragen, daß die Zeitgenossen sich dieses Fortschritts, der ihre Welt und Gesellschaft verändert hat, auf geistiger und kultureller Ebene bewußt wurden, daß sie ihn verstehen und verarbeiten lernten.«[32] Das Denken von Jaspers bildet hier eine Ausnahme. Es warnt uns nicht nur vor dem Wissenschaftsaberglauben, sondern ebenso vor dem Fortschrittsglauben. Denn beide führen notwendig zur Enttäuschung, das heißt aber letztlich zur Wissenschaftsverachtung und zur Verteufelung der Technik. (Vgl. UZG 124)

Unsere Einstellung zum Fortschritt ist ambivalent: Wir möchten nicht auf den Nutzen des Fortschritts in Wissenschaft, Medizin und Technik verzichten; aber wenn derselbe Fortschritt uns in Katastrophen führt, so verfluchen wir ihn. Nirgends sonst spüren wir wie hier die Zweideutigkeit menschlichen Seins. Nirgends sonst wird uns menschliche Größe und Tragik so bewußt wie auf diesem Gebiet.

Die Entwicklung der Technik ist heute an einen Punkt gelangt, an dem die Frage an den Menschen, was er mit der Technik machen will, neu gestellt ist. Denn wir stehen wie keine andere Generation vor etwas Neuem: Die technische Möglichkeit hat den Sprung getan von vereinzelten Zerstörungen zur totalen Zerstörung allen Lebens auf der Erde. (Vgl. AZM 259) Spätestens die Atombombe hat uns aus dem philosophischen Schlummer eines Fortschrittsglaubens erweckt, der ein grundlos optimistisches Vertrauen in den Menschen und seine Weltgestaltung bedeutete. (Vgl. AZM 281)

Dieses Neue bedeutet eine unglaubliche Herausforderung für das Philosophieren. »Es hilft nicht das billige Anklagen der Wissenschaft und der Technik. Es hilft kein Rezept, wie das Fehlerhafte durch einen Totalplan in Ordnung zu bringen sei [...]. Es hilft nicht eine Ablenkung des Blickes auf ein vermeintlich gesehenes metaphysisches Totalgeschehen, das mit dem falschen Bewußtsein einer Notwendigkeit das faktische Erkennen und wirksame Tun lähmt.« (Aut 129) Weiterhelfen kann hier nur eine Besinnung auf das Wesen von Fortschritt und Technik. Erst indem ihre Gefahren und ihre Chancen aufgezeigt werden, wird ein vernünftiger Umgang mit diesen Wirklichkeiten möglich. Diese Besinnung kann aber allein die Philosophie leisten.

In seinem geschichtsphilosophischen Entwurf spricht Jaspers von vier tiefgreifenden Einschnitten in der Geschichte: Als ersten nennt er die Entstehung der Sprache und die Erfindung von Werkzeugen, also die Zeit, in der der Mensch zu dem wurde, was er ist; wobei wir nicht wissen, wann das war. Den zweiten bildet die Zeit der Entstehung der alten Hochkulturen in Ägypten, Mesopotamien, am Indus und später am Hoangho in China, also zwischen 5000 und 3000 v. Chr. Den dritten Einschnitt stellt die sogenannte »Achsenzeit« dar, in der die geistige Grundlegung der Menschheit erfolgte (ca. 800-200 v. Chr.). Und schließlich verweist Jaspers auf das wissenschaftlich-technische Zeitalter, das in Europa seit dem Ende des Mittelalters vorbereitet wurde, sich im 17. Jahrhundert geistig konstituierte, seit dem 18. Jahrhundert breit entfaltete und sich in den letzten Jahrzehnten mit rasender

Geschwindigkeit fortentwickelt hat. (Vgl. Einf 76 f.) Der Fortschrittsprozeß menschlicher Technik begann aber nicht erst in dieser letzten Phase, er begann vielmehr mit dem ersten Werkzeug. Allerdings entfaltete er sich erst aufgrund wissenschaftlicher Naturerkenntnis ins Unermeßliche. (Vgl. AZM 258)

War das Neue der sogenannten Achsenzeit, daß sich der Mensch des Seins im ganzen, seiner selbst und seiner Grenzen bewußt wurde, so hat das wissenschaftlich-technische Zeitalter aus der Geschichte »Weltgeschichte« gemacht, angesichts derer alle frühere Geschichte als »ein Aggregat von Lokalgeschichten« erscheinen muß. (Einf 80) Aber die Gegenwart ist für Jaspers keine zweite Achsenzeit. »Vielmehr in schärfstem Kontrast zu dieser ist sie ein katastrophales Geschehen zur Armut hin an Geist, Menschlichkeit, Liebe und Schöpferkraft, wobei nur eines, die Produktion von Wissenschaft und Technik allerdings auch im Vergleich zu allem Früheren einzig groß ist.« (UZG 127)

Es ist die Aufgabe der Philosophie, den Glauben an den Fortschritt *an sich* als Verkehrung zu entlarven und in Anbetracht der tödlichen Gefahren durch die Folgen der Technik herauszuführen aus dem Gefängnis beschränkten Verstandesdenkens. (Vgl. Arzt 58) Der Fortschrittsglaube erwartet von der neuen Naturerkenntnis und der Technik das Glück. Dieser Fortschrittsglaube ist jedoch blind, denn er sieht nicht die tieferen in der Technik verborgenen Gefahren; er meint vielmehr, daß der Mißbrauch innerhalb der Technik durchschaubar und korrigierbar sei. Zudem verkennt er die Beschränkung des Fortschritts auf Wissen und Technik, wenn er glaubt, daß der Fortschritt das Ganze des Menschen bestimme. (Vgl. UZG 157 f.)

Fortschritt ist aber allein auf Wissenschaft und Technik beschränkt; hier hat er seinen wirklichen Sinn. (Vgl. UZG 184) Innerhalb ihrer Grenzen schreitet die Wissenschaft ins Unendliche fort – und mit ihr die Technik. Der Fortschritt ist also an den bloßen Verstand gekoppelt (vgl. UZG 304); er betrifft nur Wissen und technisches Können. Wo dagegen Vernunft und Freiheit herrschen, greift das Fortschrittsschema nicht: »Das Menschsein selbst, das Ethos des Menschen, seine Güte und Weisheit machen keinen Fortschritt. Kunst und Dichtung sind wohl allen verständlich, aber nicht allen eigen, sondern sind gebunden an Völker und ihre Zeitalter in je einmaliger unübertrefflicher Höhe. Einen Fortschritt gibt es daher im Wissen, im Technischen, in den Voraussetzungen neuer menschlicher Möglichkeiten, aber nicht in der Substanz des Menschseins.« (UZG 311) In diesen genannten Bereichen gilt das Fortschrittsschema nur insoweit, als diese Gebiete immer auch wissenschaftliche und technische Elemente mitenthalten.

In diesem Sinne kennt auch die Philosophie keinen Fortschritt, sie kennt »nur Verlust und Wiederherstellung und die Verwandlung ihrer Erscheinung unter den Bedingungen des jeweiligen Daseins und Wissens« (Arzt 55). »Wir sind gewiß viel weiter als Hippokrates, der griechische Arzt«, schreibt Jaspers. »Wir dürfen kaum sagen, daß wir weiter seien als Plato. Nur im Material wissenschaftlicher Erkenntnisse, die er benutzt, sind wir weiter. Im Philosophieren selbst sind wir vielleicht noch kaum wieder bei ihm angelangt.« (Einf 9) Fortschritt in der Philosophie betrifft lediglich die Entfaltung der Bewußtheit ihrer Methoden, nicht aber die Substanz der Philosophie.

Doch kann man in der Philosophie von einem gewissen Fortschreiten im Sinne der Reifung sprechen. So reifen Früchte heran, d.h., sie erfüllen die Möglichkeiten, die in Keim und Knospe enthalten sind. Und wenn die Reife erreicht ist, dann beginnt der Verfall. Ein Darüber-Hinaus gibt es nicht.[33]

Platons Denken stellt sicherlich einen Höhepunkt in einem bestimmten Reifeprozeß dar. Aber auf solche Höhepunkte folgen zumeist Verfallszeiten. Nicht nur, daß dann die einmal erreichten philosophischen Einsichten wieder in den Hintergrund treten und anderen Aspekten Platz machen, oft ist es auch so, daß das Entscheidende sogar in Vergessenheit gerät oder nur noch in verwässerter Form tradiert wird, so daß die Kritik dann leichtes Spiel hat, diese einmal gewonnenen Einsichten ganz zu verabschieden.

Es gibt also Gebiete, wo das Fortschrittsschema nicht greift. Und es ist von entscheidender Bedeutung, sich darüber klar zu werden, wo Fortschritt möglich und wo er unmöglich ist. Es wäre falsch, im Bereich geistigen Schöpfertums und moralischen Handelns von einem Fortschrittsprozeß sprechen zu wollen. Aber ebenso falsch wäre es, sich gegen den Fortschrittsprozeß auf wissenschaftlichem und technischem Gebiet auszusprechen. Denn dieser gehört nach Jaspers zum Menschen als solchem. Der Mensch ist nun einmal immer auch ein *Homo faber*, und wer das nicht wahrhaben will, sieht am Wesen des Menschen vorbei. »Wer Ja sagt zum Dasein des Menschen, wer denkt, daß er ein Mensch ist und weiß, daß der Mensch nicht schon ist, was er sein kann und sein soll, daß sein Wesen vielmehr die ganze Chance ist, über deren Ausgang er zum Teil selbst entscheidet, der muß erkennen, daß der Weg der Technik unumgänglich ist. Der Mensch bringt, ohne es vorher berechnen zu können, durch seine Technik seine Situation, heute nun die äußerste, hervor.« (AZM 259)

Die Technik mit Heidegger als Dämonie abzutun, bedeutet Jaspers zufolge eine entscheidende Verkennung der »condition humaine«. »Der Mensch kann erkennen, also soll er erkennen, denn dieser Weg ist sein Wesen. Er kann technisch der Naturkräfte sich bemächtigen, also soll er es tun; denn dies schafft ihm die immer weiter greifenden Bedingungen für neue Möglichkeiten.« (AZM 262 f.)

Das bedeutet nun jedoch keineswegs, daß Jaspers vor den Gefahren der Technik die Augen verschließt – ganz im Gegenteil.

Aber die Technik ist für ihn nicht eine Bedrohung *an sich*. Sie bedroht den Menschen immer nur durch ihn selbst. Doch neben den Gefahren ist in der Technik immer auch eine Chance, eine Aufgabe für den Menschen zu sehen.

Während die heiligen Schriften der verschiedensten Religionen sich gegen die Technik aussprechen und einen sogenannten Urzustand als das Natürliche ansehen, den sie dann gegen das Unnatürliche, das Gewordene, setzen (vgl. AZM 261), ist der Mensch für Jaspers essentiell gebrochen. Die Forderung »Zurück zur Natur!« ist *als solche* unsinnig. Es müßte demgegenüber vielmehr heißen »Zurück zur Kultur!«, wie das später Arnold Gehlen gefordert hat.[34] Wir müssen den Gefahren der Technik ins Auge sehen, dürfen darüber aber auch nicht ihre Chancen für das Menschsein vergessen. Darum ist sowohl das Maschinenzerschlagen wie die Maschinenromantik gleicherweise wider die Vernunft. (Vgl. AZM 262)

Unzweifelhaft lassen sich Unterschiede in den Stufen der Technik feststellen, und in unserem Jahrhundert hat die Technik sicherlich einen entscheidenden Sprung gemacht. Aber das bedeutet nicht, daß man eine Stelle ausmachen könnte, an der Natur in Unnatur übergeht. Das Ganze der Entwicklung läßt sich nicht willkürlich an einer Stelle anhalten. »Der Sprung zwischen heilsamer, beherrschter und heilloser, gewaltsamer Technik liegt auf jeder Stufe. Auf jeder Stufe ist auch der Gegensatz von Gewohnheit des Traditionellen und Lust am Neuen wirksam.« (AZM 262)

Der Gefahren der Technik kann nur Herr werden, wer einsieht, daß die Technik ein Mittel ist, aber ein Mittel, das der Führung bedarf. »Grenze der Technik ist, daß sie nicht aus sich selbst für sich da sein kann, sondern Mittel bleibt. Dadurch ist sie zweideutig. Weil sie selbst keine Ziele steckt, steht sie jenseits oder vor allem Gut und Böse. Sie kann dem Heil und dem Unheil dienen.

Sie ist beiden gegenüber an sich neutral. Eben darum bedarf sie der Führung.« (UZG 153 f.) Eine solche Führung kann nach Jaspers nur das Vernunftdenken bieten. In dieser Situation ist es die Aufgabe der Philosophie, der Technik ins Auge zu sehen und Möglichkeiten des einzelnen aufzuzeigen, denn es sind diese einzelnen, die unberechenbar »ein wesentlicher Faktor im Gang der Dinge« werden können. (UZG 161)

Jaspers spricht in diesem Zusammenhang von einer »neuen Denkungsart« (AZM 277 ff.). Er fordert ein »Umdenken«, das allein der heutigen Situation beikommen könnte. »Mit ihm wird der Mensch selbst im Ganzen verwandelt. Die jederzeit ›neue Denkweise‹ ist die Umwendung, die in Menschen geschah, seitdem philosophiert wurde.« (AZM 283) Der Verstand ist nicht in der Lage, das Leben der Existenz zu führen. Es ist also der Aufschwung in den Bereich der Vernunft zu wagen, der Aufschwung in die Philosophie.

Bei allen Gefahren resigniert Jaspers nicht: »Im Ganzen ist das Ereignis der Technik, weil undurchschaut, nicht nur Verhängnis, sondern Aufgabe. Die Entwürfe der Phantasie sind zugleich wie Aufforderungen an das Menschsein, ihrer Herr zu werden.« (UZG 160)

Was kommen wird, das weiß keiner zu sagen. Eine geschichtsphilosophische Vision vermeidet Jaspers bewußt; es widerspräche seinem Denken, das jede Totalsicht als Ideologie entlarvt. Was bleibt, ist der Appell – der Appell an den einzelnen.

Die Geschichte ist unabschließbar. Und der Mensch? Er ist eine offene Möglichkeit. Jaspers folgt hier Nietzsche[35]: Der Mensch ist das noch »nicht festgestellte Tier«: »Er selbst hat noch zu entscheiden – durch Entscheidung unzähliger Einzelner –, was aus ihm wird.« (AZM 262)

Und doch scheint Jaspers diese »Schwebe« nicht immer konsequent durchzuhalten. Denn es finden sich in seinem Werk auch

Stellen, die eine Selbstvernichtung für durchaus möglich halten. In einem solchen Falle – so Jaspers – hätte sich der Mensch des Lebens als nicht würdig erwiesen. (Vgl. AZM 262 f.) Aber es finden sich ebenso Stellen, die am alten Glauben an den Menschen festzuhalten scheinen, einem Glauben, der an christliche Motive erinnert:

»Der Mensch kann nicht ganz verloren gehen, weil er geschaffen ist als ›Ebenbild der Gottheit‹, gar nicht Gott, aber an ihn gebunden ist mit oft vergessenen und immer unwahrnehmbaren, aber im Grunde nicht zerreißbaren Banden. Der Mensch kann nicht überhaupt aufhören, Mensch zu sein. Schlaf ist möglich, Abwesenheit, Vergessenheit seiner selbst. Aber der Mensch überhaupt kann weder im Gang der Geschichte zu Affe oder Ameise werden, noch gegenwärtig zur Reflexmaschine, außer in den entsetzlichen Zuständen, die ihn an diese Grenze bringen, aus der er zu sich zurückkehrt, wenn er nicht als Einzelner stirbt. Das sind drohende Gespenster. Daß sie drohen und zuweilen wie ein Alp auf uns liegen, noch darin zeigt sich unser Menschsein, das bösen Träumen sich entwinden will.« (UZG 189)

Und Prognosen, das weiß auch Jaspers, sind nie harmlos. »Was der Mensch für möglich hält, bewegt seine innere Haltung und sein Handeln.« (UZG 190)

11. Philosophie und Macht: Die Politik

Während Tod und Leiden auch ohne mein Zutun Grenzsituationen für mich sind, ist das bei den Grenzsituationen von Kampf und Schuld anders; sie führe ich mitwirkend herbei. Grenzsituationen sind sie, weil ich ihnen nicht entrinnen kann. Ich kann mich ihnen nicht entziehen. »Jeder Versuch, ihnen auszuweichen, erweist sich entweder als ihre Herstellung in anderer Gestalt oder als Selbstvernichtung.« (Ph II 233)

Alles Lebendige führt einen Kampf ums Dasein. Der Mensch ist von diesem Kampf nicht ausgenommen. »Mein Dasein als solches nimmt anderen weg, wie andere mir wegnehmen. Jede Stellung, die ich gewinne, schließt einen anderen aus, nimmt aus dem begrenzten zur Verfügung stehenden Raum solchen für sich in Anspruch. Jeder Erfolg, den ich habe, verkleinert andere.« (Ph II 235) Aber auch das Umgekehrte gilt: »Alles Dasein beruht auf gegenseitiger Hilfe. Ich verdanke mein Dasein der Fürsorge meiner Eltern; ich bin lebenslang auf Hilfe angewiesen und leiste sie meinerseits in dem Zusammenhang menschlicher Gemeinschaft.« (Ph II 235)

Der Mensch kann dieser grundsätzlich antinomischen Struktur des Daseins nicht entkommen. Versucht er es doch, so steht ihm nur die Flucht in Scheinlösungen offen. Die erste hiervon wäre die, daß ich den Weg eines kampflosen Daseins zu verwirklichen suche. Doch indem ich an eine solche Utopie glaube, gehe ich zugrunde. Verzichte ich auf alle Daseinsbedingungen, die sich auf eine Gewaltanwendung gegen andere gründen, würde das die

Preisgabe meines eigenen Daseins bedeuten. Die zweite Scheinlösung bejaht den Kampf um des Kampfes willen. Hiernach ist Kampf als solcher Wahrheit und Wert menschlichen Daseins.

In beiden Positionen ist die Grenzsituation dadurch aufgehoben, daß ein eindeutiges Ja oder Nein zur Macht besteht. »Der Verwerfung aller Macht als solcher steht gegenüber ihre Verherrlichung.« (Ph II 237 f.) Beide Positionen verfehlen die Grenzsituation. »Wenn ich nirgends auf Kosten anderen Lebens leben will, muß ich auf das Leben verzichten; die Gesinnung des Nichtwiderstehens bedeutet Selbstvernichtung, die nur durch zufällige Konstellationen oder durch Inkonsequenz aufgehalten werden kann. Die bloße Macht als Gewalt hingegen führt auf den Weg, an dessen Ende der Einsame stände, der alles vernichtet oder unterworfen hat.« (Ph II 239)

Man könnte einwenden: Wenn ein Leben ohne Kampf empirisch nicht zu finden ist, so sei es Aufgabe, ein solches hervorzubringen. Aber das »richtige« Recht bleibt bloße Idee. Seine Verwirklichung ist unmöglich, denn am Ende jeder Revolution steht die Daseinsform, die am Anfang stand, wenn auch mit anderen Herrschern und anderem Inhalt. (Vgl. Ph II 240 f.)

Es bleibt dabei: Ein endgültiger Ruhezustand menschlichen Zusammenlebens ist weder empirisch existent noch als Möglichkeit konstruierbar. Es gibt kein »Zurück zur Natur!«. Damit aber bleibt auch die Grenzsituation: »Will ich leben, so muß ich Nutznießer einer Gewaltanwendung sein; so muß ich selbst irgendwann Gewalt leiden; so muß ich Hilfe leisten und Hilfe annehmen und dankbar werden; so muß ich das klare Entweder-Oder begrenzen und umbiegen in Vereinbarung und Kompromiß.« (Ph II 241)

Es gibt in dieser Grenzsituation nicht die objektive Lösung für immer, sondern nur eine jeweilig geschichtliche Lösung. Und darum lautet für mich die entscheidende Frage: Wo ergreife ich eine Machtposition und profitiere von ihr, wo gebe ich nach und dulde, wo kämpfe ich und wage? »Die Entscheidung erfolgt nicht aus allgemeinen Prinzipien, wenn auch nicht ohne sie, sondern aus der geschichtlichen Existenz in ihrer Lage.« (Ph II 242)

Kämpfe und wage ich, so hat das Folgen in der Welt, die ich nicht absehen kann; ich werde nach Jaspers dadurch schuldig. Aber zu meinen, man könne der Schuld dadurch entgehen, daß man auf das Handeln verzichtet, wäre ein Irrtum, denn Nichthandeln ist selbst ein Handeln, nämlich Unterlassen; es hat auch Folgen. Das heißt, daß ich unvermeidlich in Schuld gerate, ob ich nun handle oder nicht. »In dieser Grenzsituation bleibt, bewußt in Kauf zu nehmen, was durch mich geschieht, ohne daß ich es geradezu will. [...] Verantwortung heißt die Bereitschaft, die Schuld auf sich zu nehmen.« (Ph II 247 f.)

Jaspers vertritt ein extrem rigoroses Verständnis von Schuld. Denn von Schuld spricht man im allgemeinen ja erst dort, wo das Schlechte bewußt, also mit Wissen und in Freiheit in Kauf genommen oder gar beabsichtigt wird, nicht aber schon da, wo durch die Unabsehbarkeit meiner Handlung negative Folgen entstehen.

Was hier vom einzelnen gesagt wurde, hat nach Jaspers auch grundsätzliche Bedeutung für die politische Welt. »Wer sich den Blick trüben läßt für die ungeheure Realität des Dranges zur Gewalt [...]«, schreibt Jaspers, »der gelangt nicht zu echter Verantwortung in seinem politischen Handeln. Wer umgekehrt denkt: Kriege hat es immer gegeben und wird es immer geben, es kommt nur darauf an, in dieser Raubtierwelt sich als kräftiges und listiges Raubtier zu behaupten, der verrät mit der Idee des Menschen auch jede Chance der Freiheit.« (Ant 753) »Niemand kann sich dem politischen Handeln und Mithandeln redlich entziehen außer in der zum Sterben bereiten Widerstandslosigkeit von Mönchen und Asketen.« (Ant 754) Aber auch hier muß gesehen werden: Verzicht auf Macht ist letztlich nur im Raum der Macht möglich.[36]

Nun ist es nicht die Aufgabe der Philosophie, ein Programm für das momentan geforderte politische Handeln aufzustellen. »Das erwächst im geistigen Raum der philosophischen, vernünftigen Einsicht erst aus der Verantwortung des handelnden politischen Menschen in der immer einmaligen realen Situation.« (Ant 754) Die Philosophie hat jedoch das Grundsätzliche zu bedenken; sie ist laut Jaspers immer schon »an sich« politisch, »denn sie ermutigt die Freiheit, lebt nur in Freiheit und wirkt für Freiheit« (Ant 828).

Sowenig wie es in den Grenzsituationen von Kampf und Schuld eine eindeutige und geradlinige Lösung geben kann, sowenig kann es eine solche im Bereich des Politischen geben.

»Mythen von Paradies und Urzeit sind Chiffern eines harmonischen Zustandes, der als in sich geschlossen und als bleibendes Glück geträumt wird im Gegensatz zu dem unaufhaltsamen Anderswerden, dem Disharmonischen, nie zur Einstimmung zu bringenden Dasein in der Zeit. Wird er aus einer Chiffer zum Programm wirklichen Lebens, so entweder für das Leben des Einzelnen, des Weisen, der unbetroffen von dieser Welt durch sie hindurchgehen will, oder für das Leben der Gemeinschaft, das durch eine Revolution zum harmonischen Glück gebracht werden soll. Beides kann nur widerspruchsvoll, daher inkonsequent gedacht und nur zugleich ruinös getan werden. Realisierung mythischer Chiffern ist selber ein neues, nicht notwendiges Unheil im unumgänglichen Unheil des Vordringes in der Zeit.« (AZM 262)

Es darf also angesichts von Macht und Gewalt keine Selbsttäuschung geben. »Theoretische Entwürfe der richtigen Welteinrichtung ohne Blick auf die Realität sind nichtig.« (UZG 215) Wogegen man sich wehren muß, ist die falsche Alternative: »Entweder gewaltlos leben, nach dem Satz ›nicht widerstehen dem

Bösen‹, – bereit, alle Folgen auf sich zu nehmen, zu dulden und umzukommen ohne Kampf. Oder die Gewalt als faktische Daseinsbewältigung anerkennen, sie als Faktor in der Politik ergreifen, damit auch das Böse der Gewalt akzeptieren und die Unausweichlichkeiten der Politik bejahen.« (UZG 216) Jaspers erklärt dazu: »Beide Positionen sind logisch eindeutig, scheinbar konsequent und doch am Maßstab der dem Menschen gestellten Aufgabe ein Ausweichen. [...] Immer sind die fixierten Einseitigkeiten ein Versagen.« (UZG 216)

Aber was ist dann das Wahre?

»Das Wahre ist nicht eine richtige Welteinrichtung, die die Synthese brächte – eine solche richtige, endgiltige Welteinrichtung ist dem Menschen nicht beschieden, – sondern die Freiheit des Wollens im offenen Raume der unendlich möglichen Weltverwirklichung. Wohl dürfen wir sagen, daß es ein Mangel in dem Geiste ist, der nicht Macht wird, und ein Mangel der Macht, die nicht mit der Tiefe des Menschseins sich verbindet. Der Geist wird ohnmächtig, die Macht böse. Aber in dieser Spannung ist es der geschichtlich unabschließbare Weg, die Macht zum Element des Rechts werden zu lassen, das Dasein zu begründen als Boden der Freiheit des Menschen.« (UZG 216)

Gewalt ist also aus dem menschlichen Dasein prinzipiell nicht auszuschließen. »Nur in einem Reich von Engeln gäbe es sie nicht. Für Menschen kann es sich nur um die Ordnung der Gewalt handeln, die im Rechtsstaat gelingt.« (AZM 58)

Über folgende Grundsituation darf sich der Mensch somit nicht hinwegtäuschen: »Das Dasein jeder menschlichen Ordnung ist ihrer Wirklichkeit, nicht ihrem Sinn nach, begründet durch Gewalt. Die Erhaltung aller Staaten geschieht durch sie oder ihre Androhung. Sie ist unausweichlich gebunden an die Macht, die der Gewalt sich bedienen kann. Diese Grundsituation des Menschen wird gern, wenn es nur irgend möglich ist, gegen alle Tatsächlichkeit verschleiert. [...] Einsicht in diese Verschleierung bedeutet keineswegs die Verherrlichung der Gewalt.« (AZM 58 f.) Und weiter heißt es: »Daß die Macht der Grundgedanken des Rechts in unserem Dasein aber die Sicherheit ihrer Wirkung erst gewinnt durch ihre Verbindung mit Gewalt, über die sie verfügt, diese Grundsituation müssen träumende Menschen sich immer wieder einprägen. Der Rechtsgedanke ist als solcher nur durchzusetzen durch die Gewalt, mit der er ein Bündnis eingeht. Das Recht ist moralisch begründet, aber kraft der Gewalt wirklich.« (AZM 60 f.)

Im Leben der Heiligen, die dem Wort der Bergpredigt folgten, ist mit dem Verzicht auf die Gewalt der Verzicht auf die Selbstbehauptung ausgesprochen worden. »Wo solches Leben konsequent bleibt, hat es seine eigene Würde trotz seiner politischen Würdelosigkeit. Es ist ein Leben, das weder leben noch nicht leben will, sondern in Indifferenz gegen sich selber da ist, solange es durch die gegebenen Bedingungen und Zufälle bleibt, ganz hingenommen von etwas Außerweltlichem, für das die Welt gleichgültig ist.« (AZM 63 f.)

Die Idee der Gewaltlosigkeit wurde aber im Lauf der Geschichte auch zur politischen Idee erhoben, in der Hoffnung, daß die Gewalt durch Erduldung zu überwinden sei. Natürlich ist der Friede das erklärte Ziel; daran besteht kein Zweifel. Es wäre jedoch eine Illusion zu erwarten, daß der Friede durch einen Verzicht auf Gewalt möglich sei.

Hiergegen wird nur allzu oft das Beispiel Gandhis angeführt, der Indien von den Engländern befreite. Aber weist Gandhi wirklich einen Weg, der allgemein Geltung hat? Jaspers beantwortet diese Frage mit einem klaren Nein. Denn zum einen machte Gandhi sehr wohl Politik, indem er die Gewalt der Massen einsetzte, und zum anderen war sein Erfolg nur möglich gegen das zivilisierte England. Gandhi übte zwar selbst keine physische Gewalt aus, er erlitt sie. Aber er übte sehr wohl »*moralischen Zwang*« auf die Engländer aus. (AZM 66)[37] Hinzu kommt, daß Gandhis Leistung ein einmaliges, höchst merkwürdiges Ereignis darstellt. Das heißt, »sie ist, kurz gesagt, viel mehr das Ergebnis der englischen politischen Gesinnung als der Gandhis« (AZM 67). Denn »nur unter England und nur in dieser einmalig in der Geschichte der Imperien versuchten Liberalität der Herrschaft war Gandhis Erfolg möglich. Solche Politik der Gewaltlosigkeit hätte früher nie ein solches Ergebnis gehabt und würde es in Zukunft nur unter Bedingungen haben können, die durch Liberalität, Öffentlichkeit, Rechtlichkeit den englischen analog wären. Die Befreiung Indiens [von den Engländern] durch Gandhis Politik der Gewaltlosigkeit ist viel mehr ein Ergebnis innerhalb der englischen Politik, viel mehr die Folge eines Ringens Englands mit sich selber als eine indische Tat.« (AZM 67)

Ein weiterer Aspekt darf nicht übersehen werden: Während bei Gandhi das persönliche Ethos des durch sein ganzes Leben offen sichtbaren Menschen vor uns steht, ist das nach Jaspers dagegen beim abendländischen Pazifismus anders. »Die Aktion des Pazifismus ist das Protestieren. Aber faktisch protestiert er damit gegen das menschliche Dasein. Er will die Grenze nicht sehen: Wer das Dasein der Menschenwelt will und daß in ihr gebaut und der geschichtliche Gang ins Unabsehbare fortgesetzt werde, kann der Situation nicht ausweichen, daß angesichts der Gewalt nur Gewalt übrigbleibt oder Unterwerfung unter Gewalt, schließlich unter die Gewalt des Totalitären.« (AZM 69)

Handelt es sich hier um eine Apologie der Macht, wie man sie zuweilen aus dem Werk von Arnold Gehlen herauszuhören meint? Nein – ganz im Gegenteil! Die Macht ist da, und – um ein Wort Reinhold Schneiders aufzugreifen – sie muß verwaltet werden. Es ist keine Frage, daß die Macht für Jaspers natürlich immer in den Kontext von Gerechtigkeit und Recht gehört. Und ein solcher ist am entschiedensten im freiheitlich-demokratischen Rechtsstaat gewährleistet.

Aber Jaspers arbeitet entschieden der Illusion entgegen, wir lebten in der Eindeutigkeit. Oder vorsichtiger: Es sei ein Zustand der Geschichte denkbar, in dem das Böse überwunden wäre. Diese gefährliche Illusion übersieht nicht nur, daß der Mensch immer hinter seinem essentiellen Sein zurückbleiben wird und daß die Geschichte grundsätzlich unabgeschlossen und auch unabschließbar ist, sondern auch, daß das Fortschrittsdenken auf moralischem Gebiet keinen Platz hat; sie übersieht, daß das Böse im Hier und Jetzt einbrechen kann – ja immer wieder einbricht. Fortschritt ist möglich im Wissen und Bewußtsein dessen, was moralisch, was unmoralisch ist. Das jedoch ist als solcher noch kein moralischer Fortschritt.

Gewaltlosigkeit ist darum für Jaspers kein politischer Weg. Vielmehr bedrohen die absoluten Pazifisten den Frieden mehr als politisch denkende Realisten, die einräumen, daß Gewalt unvermeidbar ist. Das Hinausgehen *über* die Geschichte ist nicht möglich. Soll dieses Hinausgehen sich *in* der Geschichte ereignen – in irgendeiner kommenden –, so fehlt ihm die echte Transzendenz.

Warum haben wir mit solchen Überlegungen Schwierigkeiten? Ich denke, weil uns am Phänomen der Macht – ebenso an dem des Fortschritts – wie vielleicht an keinem anderen unsere grundsätzliche Gebrochenheit vor Augen geführt wird, eine Gebrochenheit, die zu akzeptieren wir nur ungern bereit sind.

12. Die Geschichte der Philosophie

Philosophie ist nicht zu trennen von ihrer Geschichte. Selbst die radikalsten Neuerer der Philosophie wie Descartes oder Kant, ja selbst ein Denker wie Heidegger, der die ganze überkommene Metaphysik mit dem Verdikt der Seinsvergessenheit versieht, fußen auf der Tradition, gegen die sie sich wenden.

Wo Fortschritt möglich ist, da bedeutet die Geschichte einer Disziplin oft nur die Summe der erledigten Irrtümer und überwundenen Fragestellungen; da herrscht die Idee einer Wahrheit, die allgemeingültig für alle ist. Die Philosophie besitzt im Bereich des Logischen und Kategorialen ein solches Element, doch macht dieses nicht ihr Wesen aus. Das eigentlich Philosophische ist an die Person des Denkers gebunden, es hat eine systematisch sich schließende, besondere Gestalt und ist »als ein Lebendiges rund und ganz, wird nicht überwunden, sondern bleibt stehen als eigener unersetzlicher Wert, der im Ganzen liegt und ein Ausdruck der philosophia perennis ist« (WPh 55). Folglich ist die Geschichte der Philosophie für die Philosophie selbst eine wesentliche Geschichte.

»Was in der Kirche die Autorität«, schreibt Jaspers, »ist für den Philosophierenden die Wirklichkeit, die aus der Geschichte der Philosophie ihn anspricht.« (Einf 102)

»Im Philosophieren haben wir zwar keine kanonischen Bücher, wie sie die Religionen besitzen, keine Autorität, der einfach zu folgen wäre, keine Endgültigkeit der Wahrheit, die da ist. Aber die Gesamtheit der geschichtlichen Überlieferung des Philosophierens, dieses Depositum unerschöpflicher Wahrheit, zeigt die Wege zum gegenwärtigen Philosophieren. Die Überlieferung ist die mit nie aufhörender Erwartung erblickte Tiefe der schon gedachten Wahrheit, ist die Unergründlichkeit der wenigen großen Werke, ist die mit Ehrfurcht hingenommene Wirklichkeit der großen Denker. Das Wesen dieser Autorität ist, daß man ihr nicht eindeutig gehorchen kann. Es ist die Aufgabe, durch sie in eigener Vergewisserung zu sich selbst zu kommen, in ihrem Ursprung den eigenen Ursprung wiederzufinden.« (Einf 108 f.)

Die Philosophiegeschichte darf also nicht als ein Kuriositätenkabinett begriffen werden; vielmehr kann der zureichende Grund einer wesentlichen Beschäftigung mit ihr nur das Philosophieren selbst sein. »Diese Beschäftigung ist sinnvoll nur, wenn wir ursprünglich selbst betroffen sind von Fragen und Antworten, die uns in der Geschichte begegnen. Ohne das würden wir nur leere Kenntnisse, und zwar äußerliche, gewinnen von etwas Dagewesenem, das uns nicht angeht.« (WPh 81) Indem wir die Geschichte der Philosophie begreifen, begreifen wir uns selbst. Hier liegt der letzte Sinn von Philosophiegeschichte. Jaspers nennt diesen Prozeß »Aneignung«.

»Im Vollzug der Aneignung geschieht das Sichselbsterwecken und Sichselbstverstehen. Das bloß Gegenständliche wird verwandelt in Funktion der Existenz, das Fremde in Eigenes, das Vergangene und bloß Zeitliche in Gegenwärtiges und Ewiges. Aus dem passiven Zusehen wird die Vorbereitung aktiven Existierens. Es ist das Selbstwerden im Aneignen durch persönliche Kommunikation.« (WPh 67)

Es ist keine Frage: Es gibt eine allgemeine Wahrheit der Philosophie und der philosophischen Möglichkeiten. Aber hierbei handelt es sich noch nicht um Philosophie, sondern um »*Weltorientierung* über die Philosophie«. Und selbst wenn es heute noch möglich wäre, alle objektiven Weltanschauungen und Formeln in einem Kopf zu vereinen und zu wissen, so muß doch im Auge behalten werden, daß dies alles immer nur ein Mittel ist und nicht schon die Wahrheit selbst. (Vgl. Ph II 429)

Jaspers hat nie Philosophiegeschichte als Selbstzweck betrieben. Ja man kann sogar sagen: Er hat wohl kaum rein philosophiehistorische Arbeiten vorgelegt. Auch sein Descartes- und sein Cusanus-Buch stellen in diesem Sinne keine dezidiert philosophiehistorischen Arbeiten dar, sondern den Versuch, die Vergangenheit »anzueignen«. Unter Philosophiehistorikern sind diese Werke äußerst umstritten. Damit steht Jaspers aber nicht allein, das hat er vielmehr mit allen »Großen« der Philosophie gemeinsam. Was Aristoteles zu Platon gesagt hat, hält keiner kritischen Prüfung stand; er hat sich Platon »angeeignet«. Und was Heidegger über die Seinsvergessenheit der abendländischen Metaphysik schreibt, ist nicht exakter philosophiegeschichtlicher Forschung entsprungen, sondern einer Gesamtschau, einer Vision, die sein ganzes Denken »bewegt«. Historisch ist diese These angreifbar, und sie wurde ja auch angegriffen. Aber darauf kommt es nicht unbedingt an. Entscheidend ist, daß durch solches Denken die Philosophie in Bewegung kommt.

In diesem Sinne geht es Jaspers darum, sich Inhalte »anzueignen«, und nicht, Wissensinhalte zu lernen. Aneignen ist keine Sache »theoretischer Einsicht«. »Auf dem Katheder geschieht es nicht und im Zuhören auch nicht, sondern das muß jeder Einzelne tun. Im Vortrag kann man nur hinweisen, daß es so etwas gegeben hat und gibt.« (Ch 50)

»Seit einem Jahrhundert werden im Wechsel die Einzelnen zum Gegenstand besonderen Studiums und der Wiederherstellung ihrer Lehre. Man kennt die Gesamtheit der vergangenen Lehren, im Sinne der Lehrstücke, vielleicht besser als irgendeiner der früheren großen Philosophen sie kannte. Aber das Bewußtsein der Verwandlung in bloßes Wissen um Lehren und um Geschichte, der Loslösung vom Leben selbst und von der tatsächlich geglaubten Wahrheit hat diese Überlieferung, so großartig sie ist und soviel Befriedigung sie geschaffen hat und heute schafft, doch auch im letzten Sinn fragwürdig gemacht, wenn nämlich mit ihr die Wahrheit des Philosophierens schon ergriffen oder gar in ihr beschlossen sein soll.« (VE 10 f.)

Die Geschichte der Philosophie bliebe am Ende »der Bericht einer Kette von Irrtümern und Kuriositäten«, wenn es nicht über die historische Beschäftigung hinaus um »die Augenblicke des Einverständnisses im Ursprung« ginge. (Einf 109)

Eine Philosophiegeschichte hat nicht für alle Zeiten Gültigkeit. Auch sie muß, wie die Philosophie selbst, jeweils eine neue Gestalt annehmen. *»Mit der Bewegung des Philosophierens verwandelt sich die philosophiegeschichtliche Auffassung.«* (WPh 86) Das bedeutet, daß eine Philosophie, in der der Begriff der Existenz eine entscheidende Rolle spielt, der Philosophiegeschichte auch ihr eigenes Gepräge gibt. Für die Philosophie von Jaspers wird so die Philosophiegeschichte wesentlich zur Geschichte der wenigen Großen, »durch die die äußersten Möglichkeiten des Gedankens und Denkendseins verwirklicht sind« (WPh 122).

Denken wir daran, daß für Jaspers das Leben selbst zur spezifischen Verifikation der Philosophie wird, so wird auch von hier aus deutlich, daß für ihn im Mittelpunkt der Philosophiegeschichte die philosophische Persönlichkeit zu stehen hat. Einer solchen Philosophiegeschichte geht es wesentlich um die Einheit von Denken und Sein, denn die Wahrheit der Philosophie ist für Jaspers ja eine existentielle.

Die Philosophiegeschichte von Jaspers, wie sie in seinem Werk *Die großen Philosophen* vorliegt, hat so einen wesentlich anderen Charakter als zum Beispiel der »Ueberweg«[38]. Jaspers geht es nicht um eine Enzyklopädie, die alles Überlieferte verzeichnet, sondern um eine im Philosophieren gewachsene Philosophiegeschichte. »Nicht ein fortlaufender Bericht über alles, was gewesen, kein objektiv indifferentes Registrieren, keine Häufung gleichmäßig nivellierender Referate ist ihr Sinn, sondern Strukturen und die Richtung auf den Sinn des Ganzen.« (WPh 145) Eine solche Philosophiegeschichte will nur hervorheben, was im Verstehen Leben wird. Mit einem Satz: Es geht um das, was uns etwas angeht. Denn »was uns nicht angeht, ist für das Philosophieren tödlich« (WPh 145).

Jaspers' Philosophiegeschichte bietet eine ungeschichtliche Gruppierung der großen Philosophen. Dahinter steht die Auffassung: »Philosophie geht uns an als sie selber in ihrer Kraft, die durch die großen Philosophen zu uns gelangt, nicht als historisches Wissen von ihr.« (GPN I 4) Diese Großen helfen uns, zu uns selbst zu kommen.

Am hilfreichsten erscheinen Jaspers in diesem Sinne Platon, Augustinus und Kant. (Vgl. GP 234 ff.) So ist es denn auch verständlich, daß er Denker wie Thomas von Aquin oder Leibniz nur am Rande erwähnt. (Vgl. GPN I 224 ff. 529 ff.) Aber einem Denker vom Range eines Leibniz wird er mit folgendem Urteil nicht gerecht: »Leibniz führt nicht ins Innerste der Philosophie, bewirkt keine Verwandlung des Seinsbewußtseins und der Lebensverfassung.« (GPN I 233) Ähnlich fällt auch das Urteil über Thomas aus. (Vgl. GPN I 535)

Aus dem, was wir bei Jaspers zum Verhältnis von Philosophie und Wissenschaft gehört haben, ist klar:

»Die eine wahre Philosophie gibt es nicht in der Gestalt eines systematischen Bestandes von Erkenntnis, welche identisch für jedermann gilt und zwingend eingesehen werden könnte, die man als ein Objektives ohne anderes als intellektuelle Anstrengung zu lernen vermöchte wie eine mathematische oder physikalische Einsicht. Wer glaubt, die philosophische Wahrheit liege vor und brauche nur gelernt zu werden, wird nie zur Philosophie kommen. Vielmehr tritt der Mensch im philosophischen Studium als mögliche Existenz in Kommunikation mit Existenzen, in der

Geschichte mit den unbedingtesten, die je gewesen sind, und mit den am hellsten gewordenen. Er tritt mit den verehrungswürdigen Geistern der Vergangenheit in Verkehr, darf sie befragen, und nur wenn er dies tut, gewinnt das philosophische Studium Sinn.« (WPh 60)

Entscheidend ist die Einsicht: »Die Geschichte der Philosophie erwächst mir nicht, wenn ich das endlose objektive Material der Überlieferung nehme, es an bestimmt gewußten Maßstäben bewerte, es auswähle und ordne. Das wäre ein Verfahren meines Verstandes, der mit toten Objekten umgeht, ohne daß ich selbst wesentlich beteiligt bin. Aber Geschichte der Philosophie erschließt sich mir nur in einem mit dem, daß ich mich selbst erschließe. Ich muß mit meinem Wesen eintreten in diese Welt, sehen, was ich erfahre, was ich erblicke, was in mir selber erregt, hell, wesentlich wird. Vor allem methodischen Verfahren liegt ein faktisches Gegenwärtigwerden.« (WPh 57)

Ein letzter Punkt: Wie heute das wissenschaftliche und politische Denken weltumspannend geworden ist, so muß nach Jaspers auch die Philosophiegeschichte heute universal werden. Eine »Philosophie des Erdkreises« ist vonnöten, eine Weltphilosophie, die den Raum dafür abgeben wird, daß die spezifische Geschichtlichkeit des je eigenen Philosophierens hell wird »in bezug auf die eine Geschichtlichkeit des Menschseins im Ganzen« (WPh 76). In Jaspers' Werk *Von der Wahrheit* sieht Hannah Arendt »das erste Wort« einer solchen Weltphilosophie. (A/J 193)

Aber hier stellt sich die Frage, ob dies heute von einem einzelnen überhaupt noch zu leisten ist. Wer ist schon noch in der Lage, sein ganzes Fach zu überblicken? Hinzu kommen Barrieren sprachlicher Art. Aber Jaspers zufolge sollte man sich durch die »Unmöglichkeit« nicht erschrecken lassen:

»Alle großen geistigen Leistungen geschehen, weil das Unmögliche versucht wurde. Sie haben ihre großen Fehler. Aber weil sie gewagt wurden, ist es möglich, weiter zu kommen. Gänzlich unfruchtbar ist nur die Täuschung, die Spezialarbeit, die im Schein der Gründlichkeit und Vollständigkeit unzuverlässig ist, die universale Darstellung, die ohne Boden in eigener Anschauung sich in allgemeinen Regeln ergeht, ohne etwas zu lehren, im Scheine vermeintlicher Großartigkeit. Aber man hat sich zu wehren gegen die Pedanterie der philologischen Gelehrten. Wirkliche Berichtigungen wird man von ihnen immer dankbar annehmen, aber die Diskreditierung der ganzen, auf das Universale gehenden Arbeitsweise, zu der sie ständig geneigt sind, wird man entschieden bekämpfen.« (WPh 109)

Schluß: Die Philosophie in der Welt

Unter einem rein äußeren Gesichtspunkt kann man zweifellos sagen, daß das Denken von Jaspers in die Welt hinein gewirkt hat. Seine Bücher haben zum Teil eine unglaublich hohe Auflagenzahl erreicht und wurden in die verschiedensten Sprachen übersetzt. Die Liste der Sekundärliteratur wächst von Jahr zu Jahr weiter an. Und inzwischen gibt es drei Jaspers-Gesellschaften: eine japanische, eine nordamerikanische und eine österreichische. Doch steht dem eine geringe Rezeption in der Fachphilosophie gegenüber. Schlägt man einmal philosophische Handbücher zur Metaphysik, Erkenntnistheorie, Anthropologie oder Ethik auf, so wird man den Namen von Jaspers hier zumeist vergeblich suchen.

Jaspers' Wirkung ist nur schwer auszumachen. Und das hängt nicht zuletzt damit zusammen, daß er kein Schulhaupt sein wollte und auch keines wurde. Aber gerade darin wird vielleicht der Grundzug seines Denkens am deutlichsten greifbar: Jaspers' Philosophie will vergegenwärtigen, beschwören, appellieren. »Sie will damit die Freiheit des Anderen nicht antasten, der im Philosophieren vielmehr sich selbst finden muß, ohne daß die Philosophie als ein Werk und als ein Ganzes von Gedanken durch ein mitgeteiltes Wissen ihm das abnehmen könnte.« (PsW XI) Der Grundsatz seines Lehrens ist die Forderung: »Folge nicht mir nach, sondern folge dir selbst!« (Ph II 436)

Und doch können wir seine Einflußnahme an einigen wenigen Namen festmachen. Hier sind an erster Stelle die beiden Jaspers-Schülerinnen Hannah Arendt (1906-1975) und Jeanne Hersch

(*1910) zu nennen. Hannah Arendts Werk ist entscheidend geprägt von Jasperschen Begriffen wie Kommunikation, Wahrheit, Freiheit, aber auch von seinem Verständnis von Gewalt und Herrschaft. Doch gibt es auch wesentliche Differenzen, so auf dem Gebiet der Ethik und was die Bedeutung der Transzendenz angeht, die bei Hannah Arendt so gut wie fehlt.[39] Die Beziehung von Hannah Arendt zu Jaspers findet ihren Niederschlag in dem nun veröffentlicht vorliegenden Briefwechsel.[40]

Ebenso spielt der Einfluß von Jaspers in dem kulturphilosophischen Werk von Jeanne Hersch eine entscheidende Rolle[41], was schon allein darin deutlich wird, daß sie ihr philosophiegeschichtliches Werk über das philosophische Staunen mit einer breiten Würdigung von Jaspers beschließt.[42]

Jaspers hat aber auch über die Fachgrenzen der Philosophie hinaus anregend gewirkt. So hat Otto Friedrich Bollnow (1903-1991) Jaspersche Kategorien auf die Pädagogik übertragen[43]; und innerhalb der Theologie, in der er zumeist auf Ablehnung stieß, hat Fritz Buri (*1907) ein theologisches Lebenswerk im Dialog mit der Philosophie von Jaspers geschaffen.[44]

Doch ein Denker, der in seiner anthropologischen Konzeption entscheidend unter dem Einfluß von Jaspers steht, ist bisher ganz außer acht gelassen worden: der Psychiater und Begründer der Existenzanalyse und Logotherapie Viktor E. Frankl (*1905). Wenn F.-C. Schubert in seinem Artikel »Existenzanalyse« im Lexikon der Psychologie von »Arnold-Eysenck-Meili«[45] davon spricht, daß die Existenzanalyse Frankls auf Heidegger basiere, so ist das schlicht falsch. Denn Frankl hat entscheidende Begriffe und Denkmuster nicht von Heidegger, sondern von Jaspers übernommen.[46]

So verdankt er Jaspers den Begriff der Grenzsituation und der Existenz. Frankl spricht – nicht anders als Jaspers – vom Appellieren; die Logotherapie versteht er in diesem Sinne als eine appellative Psychotherapie. Mit Jaspers begreift er das Sein des Menschen nicht als ein Sosein, sondern als ein Seinkönnen oder als ein fakultatives Sein, wie er auch gerne sagt. Frankl legt mit Jaspers entscheidenden Wert auf die Abgrenzung zur Wissenschaft und das methodologische Bewußtsein. Wie Jaspers kämpft auch er entschieden gegen Reduktionismen wie die Freudsche Psychoanalyse, versteht er Geist wesentlich als Freiheit und Verantwortlichsein und betont er den Bezug der Existenz auf Transzendenz. Und auch die Theodizeefrage hält er wie Jaspers für unbeantwortbar. Daneben gibt es natürlich auch Differenzen. So spielt bei Frankl beispielsweise die Personalität Gottes eine entscheidende Rolle, ja Gott ist für ihn ein *Personalissimum.* Aber es sind doch die Gemeinsamkeiten, die überwiegen. Es wäre sicher interessant, diesem Einfluß von Jaspers auf Frankl einmal näher nachzugehen.

So wären wir am Schluß unserer Überlegungen wieder da angelangt, wo Jaspers akademisch seinen Ausgang genommen hat: bei der Psychiatrie. Es ist schon eigenartig, daß es diese von der Psychiatrie herkommenden Denker sind, die uns in diesem Jahrhundert wieder ein metaphysisches Bild vom Menschen geliefert haben, das uns die sogenannten Klassiker der philosophischen Anthropologie – Max Scheler einmal ausgenommen – nicht zu bieten vermochten. Jaspers und in seinem Gefolge Frankl haben es verstanden, den »selbstvergessenen Menschen« (PGO 221) aus seinem Schlafzustand herauszureißen, ihn wachzurütteln und zum Bewußtsein seiner selbst, seiner Freiheit und damit seiner Verantwortung zu führen. Für Jaspers sind Philosophieren und Menschsein letztlich dasselbe. Folglich kann nur der wieder zu sich selbst gekommene Mensch die Philosophie aus der »Selbstvergessenheit« herausführen – zu einem vertieften Verständnis ihrer selbst.

Auch wenn wir nicht alle Positionen von Jaspers teilen können und sein Denken von verschiedensten Seiten Widerspruch erfährt, so ist sein Philosophieren doch in der Lage, beim Leser das in Gang zu setzen, was er den Prozeß der Aneignung genannt hat; und das ist nicht wenig. Denn eine große Philosophie, so hat es Charles Péguy einmal treffend formuliert, ist eben nicht eine, gegen die nichts zu sagen ist, sondern eine, die etwas gesagt hat.[47]

Anhang

Anmerkungen

1 K. Sontheimer, Einführung zur Neuausgabe 1988, in: K. Jaspers, Wohin treibt die Bundesrepublik? Tatsachen – Gefahren – Chancen, 10. Aufl., München 1988, S. I-VII, hier S. VI.
2 Vgl. z.B. H. Rickert, Grundprobleme der Philosophie, Tübingen 1934.
3 R. Carnap, Überwindung der Metaphysik durch logische Analyse der Sprache, in: Erkenntnis, 2. Jg., 1931, S. 219-242; jetzt in: G. Jánoska/ F. Kauz (Hg.), Metaphysik, Darmstadt 1977, S. 50-78.
4 M. Heidegger, Was ist Metaphysik?, 12. Aufl., Frankfurt/M. 1981.
5 L. Wittgenstein, Tractatus logico-philosophicus, Nr. 7, in: ders., Schriften, Bd. 1, Frankfurt/M. 1963, S. 83.
6 K. Salamun, Karl Jaspers, München 1985, S. 131.
7 Vgl. W. Stegmüller, Metaphysik, Skepsis, Wissenschaft, 2. Aufl., Berlin 1969, S. 214 f.
8 Vgl. W. Schüßler, Zum Verhältnis von Wissen und Glauben bei Thomas von Aquin und Gottfried Wilhelm Leibniz, in: Trierer Theologische Zeitschrift, 104. Jg., 1995.
9 Vgl. P. Tillich, Systematische Theologie, Bd. I, 2. Aufl., Stuttgart 1956, S. 129-189.
10 Vgl. W. Schüßler, Jenseits von Religion und Nicht-Religion, Frankfurt/M. 1989, S. 117-137.
11 Vgl. Thomas von Aquin, Summa contra Gentiles, I 3 (Ausgabe von K. Albert/P. Engelhardt, Bd. 1: Buch 1, Darmstadt 1974, S. 8 f.).
12 E. Mayer, Dialektik des Nichtwissens, Basel 1950, S. 151 ff.
13 Vgl. Platon, Theaitetos, 150 c-d.
14 K. Salamun, a. a. O., S. 34.
15 L. Wittgenstein, Tractatus logico-philosophicus, Nr. 6, 54, in: ders., Schriften, Bd. 1, a. a. O., S. 83.
16 J.G. Fichte, Nachgelassene Werke, 3 Bde., hrsg. von I.H. Fichte, Bonn 1834/35, Bd. 3, S. 291.
17 Vgl. z.B. O.F. Bollnow, Existenzerhellung und philosophische Anthropologie. Versuch einer Auseinandersetzung mit Karl Jaspers

(1938), in: H. Saner (Hg.), Karl Jaspers in der Diskussion, München 1973, S. 185-232, hier S. 211.

18 Vgl. Augustinus, Soliloquia, Buch I, Kap. 2, Nr. 7 (Ausgabe von J.C. Perl, Paderborn 1955, S. 49).

19 Vgl. S. Kierkegaard, Die Krankheit zum Tode, in: ders., Gesammelte Werke, Bd. 8, Jena 1932, S. 10.

20 A. Gehlen, Philosophische Anthropologie und Handlungslehre, in: ders., Gesamtausgabe, Bd. 4, hrsg. von K.-S. Rehberg, Frankfurt/M. 1983, S. 205.

21 H. Arendt, Karl Jaspers, in: Reden zur Verleihung des Friedenspreises des Deutschen Buchhandels 1958, München 1958, S. 27-40, hier S. 32 f.

22 Vgl. W. Schüßler, Der absolut transzendente Gott. Negative Theologie bei Karl Jaspers?, in: Jahrbuch der Österreichischen Karl-Jaspers-Gesellschaft 5, 1992, S. 24-47.

23 M. Heidegger, Platons Lehre von der Wahrheit. Mit einem Brief über den »Humanismus«, 3. Aufl., Bern 1975, S. 76.

24 C.U. Hommel, Chiffer und Dogma. Vom Verhältnis der Philosophie zur Religion bei Karl Jaspers, Zürich 1968, S. 95.

25 E. Spranger, Gesammelte Schriften, Bd. IX: Philosophie und Psychologie der Religion, hrsg. von H.W. Bähr, Tübingen 1974, S. 374.

26 Vgl. K. Salamun, a. a. O., S. 98 f.

27 Vgl. I. Koprek, Ethos und Methodos des Philosophierens. Die moderne Orientierungskrise und ihre Therapie im Denken von Karl Jaspers, St. Ottilien 1988.

28 P. Wust, Ungewißheit und Wagnis, Salzburg 1937. – Im Vorwort nennt Wust hier u. a. Jaspers' Schrift *Vernunft und Existenz*, der er sich besonders verpflichtet weiß.

29 F. Nietzsche, Die fröhliche Wissenschaft, 3. Buch, Nr. 260, in: ders., Werke. Kritische Gesamtausgabe, hrsg. von G. Colli/M. Montinari, 5. Abt., Bd. 2, Berlin 1973, S. 195.

30 H. Arendt, Karl Jaspers: Bürger der Welt, in: P.A. Schilpp, Karl Jaspers, Stuttgart 1957, S. 532-543, hier S. 536.

31 Vgl. K. Salamun, a. a. O., S. 77-83.

32 J. Hersch, Das philosophische Staunen. Einblicke in die Geschichte des Denkens, 3. Aufl., München 1988, S. 340.

33 Vgl. W. Schüßler, Zur Zweideutigkeit des Fortschritts, in: Deutsches Pfarrerblatt, 87. Jg., 1987, S. 235-239 u. S. 246, hier S. 237.

34 Vgl. A. Gehlen, a. a. O., Bd. 4, S. 132.

35 Vgl. F. Nietzsche, Jenseits von Gut und Böse, 3. Hauptstück, Nr. 62, in: ders., Werke. Kritische Gesamtausgabe, hrsg. von G. Colli/M. Montinari, 6. Abt., Bd. 2, Berlin 1968, S. 79.
36 Vgl. W. Schüßler, Macht – Existential menschlichen Seins, in: Theologisch-praktische Quartalsschrift, 140. Jg., 1992, S. 48-61.
37 Vgl. ähnlich M. Scheler: »Auch die Politik Mahatma Gandhis ist Machtpolitik: Macht des Schwachen.« (Gesammelte Werke, Bd. 13 [= Schriften aus dem Nachlaß, Bd. 4: Philosophie und Geschichte], hrsg. von M.S. Frings, Bonn 1990, S. 45.)
38 Vgl. F. Ueberweg, Grundriß der Geschichte der Philosophie, 5 Bde., 12. Aufl., Berlin 1923-28. – Eine völlig neubearb. Ausgabe ist derzeit im Erscheinen begriffen.
39 Vgl. D. Barley, Hannah Arendt. Einführung in ihr Werk, Freiburg/Br. 1990, S. 61-81.
40 Hannah Arendt/Karl Jaspers, Briefwechsel 1926-1969, hrsg. von L. Köhler/H. Saner, 2. Aufl., München 1987.
41 Vgl. z. B. J. Hersch, Von der Einheit des Menschen, Zürich 1978.
42 Vgl. dies., Das philosophische Staunen, a. a. O., S. 318-339.
43 Vgl. O.F. Bollnow, Existenzphilosophie und Pädagogik, 6. Aufl., Stuttgart 1984; dazu K. Salamun, a. a. O., S. 153 f.
44 Vgl. F. Buri, Dogmatik als Selbstverständnis des christlichen Glaubens, 3 Bde., Bern 1956 ff.; dazu G. Hummel, Die Begegnungen zwischen Philosophie und evangelischer Theologie im 20. Jahrhundert, Darmstadt 1989, S. 297-332.
45 W. Arnold/H.J. Eysenck/R. Meili, Lexikon der Psychologie, Bd. I, 8. Aufl., Freiburg/Br. 1991, S. 535 f.
46 Vgl. z. B. V.E. Frankl, Logotherapie und Existenzanalyse, München 1987; dazu J.B. Fabry, Das Ringen um Sinn. Eine Einführung in die Logotherapie, 2. Aufl., Freiburg/Br. 1978.
47 Vgl. Ch.Péguy, Nota conjucta, übers. von F. Kemp, München 1956, S. 32 f.

Literaturhinweise

1. Werke von Karl Jaspers

a) Siglen

A/J Hannah Arendt/Karl Jaspers, Briefwechsel 1926-1969, hrsg. von L. Köhler/H. Saner, München 1985 (3. Aufl. 1993).

Ant Antwort, in: P.A. Schilpp, Karl Jaspers, Stuttgart 1957, S.750-852.

APs Allgemeine Psychopathologie. Ein Leitfaden für Studierende, Ärzte und Psychologen, Berlin 1913 (4. völlig neubearb. Aufl. 1946; 9. Aufl. 1973).

Arzt Der Arzt im technischen Zeitalter. Technik und Medizin – Arzt und Patient – Kritik der Psychotherapie, München 1986.

AuP Aneignung und Polemik. Gesammelte Reden und Aufsätze zur Geschichte der Philosophie, München 1968.

Aut Philosophische Autobiographie, erw. Neuausgabe (erstmals mit dem Kapitel über Martin Heidegger), München 1977 (2. Aufl. 1984).

AZM Die Atombombe und die Zukunft des Menschen. Politisches Bewußtsein in unserer Zeit, München 1958 (7. Aufl. 1983).

Ch Chiffren der Transzendenz, hrsg. von H. Saner, München 1970 (4. Aufl. 1984).

E Existenzphilosophie. Drei Vorlesungen, Berlin 1938 (4. Aufl. 1974).

Einf Einführung in die Philosophie. Zwölf Radiovorträge, Zürich 1950 (29. Aufl. München 1991).

Ent Die Frage der Entmythologisierung (zus. mit Rudolf Bultmann), München 1954 (Neuausgabe mit einem Vorwort von H. Ott 1981).

Gl Der philosophische Glaube. Gastvorlesungen, München 1948 (9. Aufl. 1988).

GP Die großen Philosophen, München 1957 (7. Aufl. 1992).

GPN Die großen Philosophen. Nachlaß, Bd. 1: Darstellungen und

Fragmente, Bd. 2: Fragmente – Anmerkungen – Inventar, hrsg. von H. Saner, München 1981.
GSZ Die geistige Situation der Zeit, Berlin 1931 (13. Aufl. 1979).
H/J Martin Heidegger/Karl Jaspers, Briefwechsel 1920-1963, hrsg. von W. Biemel/H. Saner, München 1990 (Neuausgabe 1992).
KlSch Kleine Schule des philosophischen Denkens, München 1965 (12. Aufl. 1991).
NMH Notizen zu Martin Heidegger, hrsg. von H. Saner, München 1978 (3. Aufl. 1989).
NPL Nachlaß zur Philosophischen Logik, hrsg. von H. Saner/M. Hänggi, München 1991.
PGCO Der philosophische Glaube angesichts der christlichen Offenbarung, in: Philosophie und christliche Existenz. Festschrift für Heinrich Barth, hrsg. von G. Huber, Basel 1960, S. 1-92.
PGO Der philosophische Glaube angesichts der Offenbarung, München 1962 (3. Aufl. 1984).
Ph Philosophie, Bd. I: Philosophische Weltorientierung, Bd. II: Existenzerhellung, Bd. III: Metaphysik, Berlin 1932 (5. Aufl. München 1991).
PhW Philosophie und Welt. Reden und Aufsätze, München 1958 (2. Aufl. 1963).
Prov Provokationen. Gespräche und Interviews, hrsg. von H. Saner, München 1969.
PsW Psychologie der Weltanschauungen, Berlin 1919 (6. Aufl. 1971; Neuausgabe München 1985).
RA Rechenschaft und Ausblick. Reden und Aufsätze, München 1951 (Neuausgabe 1958).
Sch Schelling. Größe und Verhängnis, München 1955 (2. Aufl. 1986).
SchW Schicksal und Wille. Autobiographische Schriften, München 1967.
UZG Vom Ursprung und Ziel der Geschichte, München 1949 (9. Aufl. 1988).
VE Vernunft und Existenz. Fünf Vorlesungen, Groningen 1935 (4. Aufl. München 1987).
VWZ Vernunft und Widervernunft in unserer Zeit. Drei Gastvorlesungen, München 1950 (3. Aufl. 1990).
VdW Von der Wahrheit. Philosophische Logik. Erster Band, München 1947 (4. Aufl. 1991).

WPh Weltgeschichte der Philosophie. Einleitung, hrsg. von H. Saner, München 1982.

b) Weitere Werke

Antwort. Zur Kritik meiner Schrift »Wohin treibt die Bundesrepublik?«, München 1967.

Briefwechsel Karl Jaspers – K. H. Bauer 1945-1968, hrsg. von R. de Rosa, Berlin 1983.

Briefwechsel Karl Jaspers – Oskar Hammelsbeck 1919-1969, hrsg. von H. Horn, Frankfurt/M. 1986.

Descartes und die Philosophie, Berlin 1937 (4. Aufl. 1966).

Denkwege. Ein Lesebuch, hrsg. von H. Saner, München 1983 (2. Aufl. 1988).

Die Idee der Universität, Berlin 1923 (Neufassungen 1946 und [mit K. Rossmann] 1961).

Die Schuldfrage, Heidelberg 1946 (2. Aufl. München 1979; Neuausgabe 1987).

Erneuerung der Universität. Reden und Schriften 1945/46, hrsg. von R. de Rosa, Heidelberg 1986.

Freiheit und Wiedervereinigung. Über Aufgaben deutscher Politik, München 1960 (2. Aufl. 1990).

Gesammelte Schriften zur Psychopathologie, Berlin 1963 (Nachdruck 1990).

Hoffnung und Sorge. Schriften zur deutschen Politik 1945-1965, München 1965.

Nietzsche. Einführung in das Verständnis seines Philosophierens, Berlin 1936 (5. Aufl. 1981).

Nikolaus Cusanus, München 1964 (Neuausgabe 1987).

Philosophische Aufsätze, Frankfurt/M. 1967.

Strindberg und van Gogh. Versuch einer pathologischen Analyse unter vergleichender Heranziehung von Swedenborg und Hölderlin, Bern 1922 (5. Aufl. München 1977).

Wahrheit und Bewährung. Philosophieren für die Praxis, München 1983.

Was ist Erziehung? Ein Lesebuch, hrsg. von H. Horn, München 1977 (2. Aufl. 1982).

Was ist Philosophie? Ein Lesebuch, hrsg. von H. Saner, München 1976 (4. Aufl. 1989).

Wohin treibt die Bundesrepublik? Tatsachen – Gefahren – Chancen, München 1966 (10. Aufl. 1988).

2. Sekundärliteratur

a) Bibliographien

Bautz, F.W., Biographisch-bibliographisches Kirchenlexikon, Bd. 2, Herzberg 1990, S. 1567-1578.

Gefken, G./Kunert, K., Karl Jaspers. Die Primärbibliographie, Oldenburg 1978.

Saner, H., Karl Jaspers, 2. Aufl., Reinbek 1991, S. 169-182.

Totok, T., Handbuch der Geschichte der Philosophie, Bd. VI: Bibliographie 20. Jahrhundert, Frankfurt/M. 1990, S. 257-274.

b) Einführungen

Burkard, F.-P., Karl Jaspers. Einführung in sein Denken, Würzburg 1985.

Gerlach, H.-M., Existenzphilosophie – Karl Jaspers, Berlin 1987.

Hersch, J., Karl Jaspers. Eine Einführung in sein Werk, 4. Aufl., München 1990.

Salamun, K., Karl Jaspers: Existenzverwirklichung in der Kommunikation, in: Grundprobleme der großen Philosophen. Philosophie der Gegenwart V, hrsg. von J. Speck, Göttingen 1982, S. 9-47.

Ders., Karl Jaspers, München 1985.

Saner, H., Karl Jaspers, 2. Aufl., Reinbek1991.

c) Sammelbände

Böversen, F. (Hg.), Philosophie und Politik. Ein Symposion zum 100. Geburtstag von Karl Jaspers, Wuppertal 1984.

Ehrlich, L.H./Wisser, R. (Hg.), Karl Jaspers: Philosoph unter Philosophen, Würzburg 1993.

Dies. (Hg.), Karl Jaspers today. Philosophy at the threshold of the future, Lanham 1988.

Harth, D. (Hg.), Karl Jaspers. Denken zwischen Wissenschaft, Politik und Philosophie, Stuttgart 1989.

Hersch, J./Lochmann, J. M./Wiehl, R. (Hg.), Karl Jaspers: Philosoph, Arzt, politischer Denker, München 1986.

Lengert, R., (Hg.), Philosophie der Freiheit. Karl Jaspers: 23. Febr. 1883 – 26. Febr. 1969, Oldenburg 1983.

Paul, J.M. (Hg.), Situation de l'homme et histoire de la philosophie dans l'œuvre de Karl Jaspers. Actes du Colloque Karl Jaspers, 21.-22.3.1986, Nancy 1986.

Piper, K. (Hg.), Karl Jaspers. Werk und Wirkung, München 1963.
Ders./Saner, H. (Hg.), Erinnerungen an Karl Jaspers, München 1974.
Salamun, K. (Hg.), Karl Jaspers. Zur Aktualität seines Denkens, München 1991.
Salamun-Hybasek, E./Salamun, K. (Hg.), Jahrbuch der Österreichischen Karl-Jaspers-Gesellschaft 1, 1988; 2, 1989; 3/4, 1991; 5, 1992.
Saner, H. (Hg.), Karl Jaspers in der Diskussion, München 1973.
Schilpp, P.A. (Hg.), Karl Jaspers, Stuttgart 1957.
Veauthier, F.W. (Hg.), Karl Jaspers zu Ehren. Symposium aus Anlaß seines 100. Geburtstages, Heidelberg 1986.

d) Monographien

Bassler, W., Psychiatrie des Elends oder Das Elend der Psychiatrie. Karl Jaspers und sein Beitrag zur Methodenfrage in der klinischen Psychologie und Psychopathologie, Würzburg 1990.
Bielefeldt, H., »Kampf und Entscheidung«. Politischer Existentialismus bei Carl Schmitt, Helmuth Plessner und Karl Jaspers, Würzburg 1994.
Böckelmann, F., Die Problematik existentieller Freiheit bei Karl Jaspers, München 1972.
Burkard, F.-P., Ethische Existenz bei Karl Jaspers, Würzburg 1982.
Büttner, E., Kommunikation im Werk von Karl Jaspers. Impulse für pädagogische Kommunikation, Diss. München 1991.
Carr, G.R., Karl Jaspers as an intellectual critic. The political dimension of his thought, Frankfurt/M. 1983.
Choi, Y.-S., Philosophieren als Glaubensüberzeugung. Untersuchungen zum philosophischen Glauben bei Karl Jaspers und Plotin, Diss. Würzburg 1992.
Díaz Díaz, G., Begriff und Problem der Situation. Eine Untersuchung im Rahmen des Jaspersschen Denkens, Freiburg/Br. 1961.
Ehrlich, L.H., Karl Jaspers: Philosophy as faith, Amherst 1975.
Fuchs, F.J., Seinsverhältnis. Karl Jaspers' Existenzphilosophie, Bd. I: Existenz und Kommunikation, Frankfurt/M. 1984.
Furger, F., Struktureinheit der Wahrheit bei Karl Jaspers, Salzburg 1960.
Ganahl, K., Sphären des Zersetzenden. Ein Beitrag zur Jaspers-Forschung, Berlin 1994.
Gerlach, H.-M., Existenzphilosophie und Politik. Kritische Auseinandersetzung mit Karl Jaspers, Berlin 1974.
Hager-Schneider, H., Die Bedeutung des Politischen bei Karl Jaspers, Diss. Freiburg/Br. 1967.

Hertel, W., Existentieller Glaube. Eine Studie über den Glaubensbegriff von Karl Jaspers und Paul Tillich, Meisenheim/Glan 1971.
Hofmann, G., Politik und Ethos bei Karl Jaspers, Heidelberg 1969.
Hommel, C.U., Chiffer und Dogma. Vom Verhältnis der Philosophie zur Religion bei Karl Jaspers, Zürich 1968.
Hommes, U., Die Existenzerhellung und das Recht, Frankfurt/M. 1962.
Hybasek, E., Das Menschenbild bei Karl Jaspers, Graz 1985.
Klein, A., Glaube und Mythos. Eine kritische, religionsphilosophisch-theologische Untersuchung des Mythos-Begriffs bei Karl Jaspers, München 1973.
Klein, O.E., Bewußtsein und Umgreifendes, Frankfurt/M. 1990.
Koprek, I., Ethos und Methodos des Philosophierens. Die moderne Orientierungskrise und ihre Therapie im Denken von Karl Jaspers, St. Ottilien 1988.
Lutz, Th.J., Reichweite und Grenzen von Karl Jaspers' Stellungnahme zu Religion und Offenbarung, Diss. München 1968.
Lutzenberger, H., Das Glaubensproblem in der Religionsphilosophie der Gegenwart in der Sicht von Karl Jaspers und Peter Wust, Diss. München 1962.
Neuhold, G., Karl Jaspers und die Mystik, Diss. Graz 1988.
Olson, A.M., Transcendence and hermeneutics. An interpretation of the philosophy of Karl Jaspers, The Hague 1979.
Örnek, Y., Karl Jaspers: Philosophie der Freiheit, Freiburg/Br. 1986.
Paek, S.-K., Geschichte und Geschichtlichkeit. Eine Untersuchung zum Geschichtsdenken in der Philosophie von Karl Jaspers, Diss. Tübingen 1975.
Park, Y.-H., Der Begriff »Vernunft« in der Philosophie von Karl Jaspers, Wien 1967.
Pfeiffer, H., Gotteserfahrung und Glaube. Interpretation und theologische Aneignung der Philosophie Karl Jaspers', Trier 1975.
Pieper, H., Selbstsein und Politik. Jaspers' Entwicklung vom esoterischen zum politischen Denker, Meisenheim/Glan 1973.
Rabuske, E.A., Geschichte und Wahrheit. Eine Auseinandersetzung mit Karl Jaspers, Diss. München 1977.
Raman, N.S.S., Das Wesen der Chiffren bei Karl Jaspers, Diss. Mainz 1968.
Richli, U., Transzendentale Reflexion und sittliche Entscheidung. Zum Problem der Selbsterkenntnis der Metaphysik bei Kant und Jaspers, Bonn 1967.

Rigali, N., Die Selbstkonstitution der Geschichte im Denken von Karl Jaspers, Meisenheim/Glan 1968.
Rodriguez de la Fuente, S., Grenzbewußtsein und Transzendenzerfahrung. Eine Studie über die philosophische Theologie von Karl Jaspers, Diss. München 1983.
Röhr, F., Die pädagogische Theorie im Denken von Karl Jaspers, Bonn 1986.
Schmitz, B., Das Ungegenständliche in der Religion. Eine Begegnung zwischen Existenztheologie (Paul Tillich) und Existenzphilosophie (Karl Jaspers), Diss. Marburg 1990.
Schneiders, W., Karl Jaspers in der Kritik, Bonn 1965.
Schultheiss, J., Philosophieren als Kommunikation. Versuch zu Karl Jaspers' Apologie des kritischen Philosophierens, Königstein/Ts. 1981.
Schwingl, G., Die Wiedergewinnung der Wirklichkeit der Transzendenz im Denken von Karl Jaspers, Diss. Regensburg 1983.
Sonderfeld, U., Philosophie als Gesamtorientierung denkender Existenz und als Aporienreflexion – im Anschluß an Karl Jaspers, Münster 1989.
Tilliette, X., Karl Jaspers: Théorie de la vérité. Métaphysique des chiffres. Foi philosophique, Paris 1960.
Tollkötter, B., Erziehung und Selbstsein. Das pädagogische Grundproblem im Werke von Karl Jaspers, Köln 1961.
Walters, G.J., Karl Jaspers and the role of »conversion« in the nuclear age, Lanham 1988.
Warsitz, R.P., Das zweifache Selbstmißverständnis der Psychoanalyse. Die Psychoanalysekritik von Karl Jaspers in immanenter Darstellung, Würzburg 1987.
Zöhrer, J., Der Glaube an die Freiheit und der historische Jesus. Eine Untersuchung der Philosophie Karl Jaspers' unter christologischem Aspekt, Frankfurt/M. 1986.

e) Aufsätze

Braun, H.J., Karl Jaspers' Beziehung zu Nietzsche im Blickfeld der Destruktion des Christentums, in: Nietzsche-Studien 15, 1986, S. 358-381.
Brechtken, J., Die Gottesfrage als Problem der Praxis nach Karl Jaspers, in: Theologie und Glaube 60, 1970, S. 165-179.
Buri, F., Philosophischer Glaube und Offenbarungsglaube im Denken von Karl Jaspers, in: Theologische Zeitschrift 39, 1983, S. 204-226.

Cesana, A., Werdende Existenz. Zur Geschichtsphilosophie von Karl Jaspers, in: Philosophisches Jahrbuch 91, 1984, S. 341-357.
Dufree, H.A., Karl Jaspers as metaphysician of tolerance, in: International Journal of Philosophy of Religion 1, 1970, S. 201-210.
Ehrlich, L.H., Truth and its unity in Jaspers, in: Revue International de Philosophie 147, 1983, S. 423-439.
Franke, L., Die Achsenzeit als Wendung zur Idee. Karl Jaspers und Georg Simmel, in: Zeitschrift für philosophische Forschung 26, 1972, S. 83-102.
Fukui, K., Untersuchungen über das Umgreifende Karl Jaspers', in: The Ronso 21, 1980, S. 101-163.
Furger, F., Leben und Werk des Philosophen Karl Jaspers aus der Sicht und Erinnerung eines Theologen, in: Theologische Zeitschrift 39, 1983, S. 193-203.
Gogel, R.E., Jaspers' critique of Heidegger. The arrogance of thought, in: International Philosophical Quarterly 27, 1987, S. 161-171.
Grieder, A., Karl Jaspers and the quest for philosophical truth, in: Journal of the British Society of Phenomenology 17, 1986, S. 17-35.
Holz, H., Philosophischer Glaube und Intersubjektivität. Zum Glaubensproblem bei Immanuel Kant und Karl Jaspers, in: Kant-Studien 68, 1977, S. 404-419.
Hossfeld, P., Die Unerkennbarkeit der Transzendenz in Karl Jaspers' Werk: Von der Wahrheit, in: Münchener Theologische Zeitschrift 14, 1963, S. 288-295.
Johach, H., Karl Jaspers' Kritik am Offenbarungsglauben, in: Catholica 19, 1966, S. 282-303.
Jones, G.V., The concept of evil in the philosophy of Karl Jaspers, in: Philosophical Journal 1, 1964, S. 102-115.
Kiel, A., Wege zur Periechontologie, in: Prima Philosophia 6, 1993, S. 69-93.
Klein, A., Karl Jaspers und das Verstehen. Ein Beitrag zur Hermeneutik, in: Catholica 23, 1969, S. 136-146.
Knauss, G., Die Dialektik des Grundwissens und der Existenzerhellung bei Karl Jaspers, in: Studium Generale 21, 1968, S. 571-590.
Kränzle, K., Anmerkungen zur politischen Philosophie von Karl Jaspers, in: Studia philosophica 26, 1966, S. 120-138.
Lochmann, J.M., Transzendenz und Gottesname. Freiheit in der Perspektive der Philosophie von Karl Jaspers und in biblischer Sicht, in: Theologische Zeitschrift 39, 1983, S. 227-244.

Lotz, J.B., Existenz und Ek-sistenz. Zur Gegenwartsbedeutung des Gesprächs zwischen Karl Jaspers und Martin Heidegger, in: Theologie und Philosophie 59, 1984, S. 66-83.

Meyer, K., Karl Jaspers' philosophischer Weg zur Transzendenz, in: Freiburger Zeitschrift für Philosophie und Theologie 9, 1972, S. 189-252.

Pfeiffer, H., Vom Totsein wissen wir nichts. Karl Jaspers über Tod und Unsterblichkeit des Menschen und die katholische Theologie, in: Münchener Theologische Zeitschrift 29, 1978, S. 396-411.

Reiffer, R., Philosophie angesichts des christlichen Glaubens. Das religionsphilosophische Problem bei Karl Jaspers, in: Freiburger Zeitschrift für Philosophie und Theologie 20, 1973, S. 412-420.

Rickmann, H.P., The philosophic basis of psychiatry: Jaspers and Dilthey, in: Philosophy of the Social Sciences 17, 1987, S. 173-196.

Rigali, N.J., A new axis: Karl Jaspers' philosophy of history, in: International Philosophical Quarterly 10, 1970, S. 441-457.

Salamun, K., Der Begriff der Daseinskommunikation bei Karl Jaspers. Ein Beitrag zur Jaspers-Kritik, in: Zeitschrift für philosophische Forschung 22, 1968, S. 261-285.

Ders., Ethische Komponenten in der Philosophie von Karl Jaspers, in: Synthesis Philosophica 2, 1987, S. 473-487.

Ders., Zum Mythosbegriff bei Karl Jaspers, in: Archiv für Begriffsgeschichte 29, 1985, S. 204-217.

Schmitz, J., Darstellung und Kritik des Offenbarungsglaubens bei Karl Jaspers, in: Trierer Theologische Zeitschrift 74, 1965, S. 83-99.

Schneiders, W., Politische Krise und existentielle Erneuerung. Zur Auffassung von Gesellschaft, Staat und Politik bei Karl Jaspers, in: Soziale Welt 18, 1967, S. 124-152.

Schwan, A., Existentielle und politische Freiheit. Die Existenzphilosophie von Karl Jaspers als geistige Grundlegung der pluralistischen Demokratie, in: Geschichte in Wissenschaft und Unterricht 35, 1984, S. 569-595.

Schwartländer, J., Kommunikative Existenz und dialogisches Personsein, in: Zeitschrift für philosophische Forschung 19, 1965, S. 53-86.

Smid, R.N., Die Wechselbeziehung von Zeit und Geschichte in Karl Jaspers' Existenzphilosophie, in: Philosophia Naturalis 25, 1988, S. 164-185.

Sonderfeld, U., Philosophie als Gesamtorientierung denkender Existenz nach Karl Jaspers, in: Freiburger Zeitschrift für Philosophie und Theologie 38, 1991, S. 399-422.

Tennen, H., Jaspers' Philosophie in kritischer Sicht. Das Verhältnis zwischen Philosophie und Wissenschaft, in: Zeitschrift für philosophische Forschung 28, 1974, S. 536-561.
Wisser, R., Aneignung und Unterscheidung. Existenzphilosophie im Kampf um die Existenz der Philosophie: Karl Jaspers und Martin Heidegger, in: Theologie und Philosophie 59, 1984, S. 481-498.
Woland, G., Philosophie und Erfahrungswissenschaft bei Karl Jaspers, in: Philosophisches Jahrbuch 92, 1985, S. 255-265.

Zeittafel

1883	Am 23. Februar wird Karl Jaspers in Oldenburg geboren.
1901-08	Studium der Jurisprudenz in Heidelberg und München, dann der Medizin in Berlin, Göttingen und Heidelberg.
1908	Promotion zum Dr. med.
1909-15	Volontärassistent an der Psychiatrischen Klinik in Heidelberg.
1910	Heirat mit Gertrud Mayer.
1913	Habilitation für Psychologie. *Allgemeine Psychopathologie.*
1916	Extraordinarius für Psychologie in Heidelberg.
1919	*Psychologie der Weltanschauungen.*
1920	Extraordinarius für Philosophie in Heidelberg.
1922	Ordinarius für Philosophie in Heidelberg.
1932	*Philosophie.*
1933	Ausschluß aus der Universitätsverwaltung.
1937	Zwangspensionierung.
1938	Publikationsverbot.
1945	Wiedereinsetzung in die Universitätsämter.
1947	*Von der Wahrheit.*
1948	Ordinarius für Philosophie in Basel.
1949	*Vom Ursprung und Ziel der Geschichte.*
1957	*Die Atombombe und die Zukunft des Menschen. Die großen Philosophen.*
1958	Friedenspreis des Deutschen Buchhandels.
1961	Emeritierung.
1962	*Der philosophische Glaube angesichts der Offenbarung.*
1966	*Wohin treibt die Bundesrepublik?*
1969	Am 26. Februar stirbt Karl Jaspers in Basel.

Werner Schüßler, geb. 1955, Dr. phil. habil., Dr. theol. (CAN), seit 1991 Privatdozent für Philosophie an der Universität Trier und seit 1995 gleichzeitig Akademischer Rat für Philosophie an der Theologischen Fakultät Trier. 1987 Gastprofessor Systematische Theologie an der Laval Universität in Québec, Canada. Buchveröffentlichungen: *Der philosophische Gottesgedanke im Frühwerk Paul Tillichs (1910-1933)*, Würzburg 1986; *Paul Tillich: Dogmatik. Marburger Vorlesung von 1925*, Düsseldorf 1986 (Hg.); *Paul Tillich – Sein Werk*, Düsseldorf 1986 (Hg. mit R. Albrecht); *Jenseits von Religion und Nicht-Religion*, Frankfurt 1989; *Schlüssel zum Werk von Paul Tillich*, Berlin/New York 1990 (mit R. Albrecht); *Leibniz' Auffassung des menschlichen Verstandes (intellectus)*, Berlin/New York 1992; *Transzendenz – Zu einem Grundwort der klassischen Metaphysik*, Paderborn 1992 (Hg. mit L. Honnefelder); *G. W. Leibniz: Neue Abhandlungen über den menschlichen Verstand (Vorrede und Buch I)*, Stuttgart 1993 (Hg. u. Übers.); *Paul Tillich – Sein Leben*, Frankfurt/M. 1993 (mit R. Albrecht).